2018—2019 年中国工业和信息化发展系列蓝皮书

2018—2019 年
世界工业发展蓝皮书

中国电子信息产业发展研究院　编著
王　鹏　主　编
刘源超　副主编

電子工業出版社
Publishing House of Electronics Industry
北京 · BEIJING

内 容 简 介

本书全面梳理和总结了2018年世界工业的发展情况，从综合、区域、热点、专题等角度入手，对2018年世界工业的总体情况、主要经济体的发展状况、特定专题及年度热点事件等进行了全面阐述，分析了世界工业领域的重点和难点问题，并对2019年世界工业的发展趋势进行了展望。

图书在版编目（CIP）数据

2018—2019年世界工业发展蓝皮书 / 中国电子信息产业发展研究院编著. —北京：电子工业出版社，2019.11
（2018—2019年中国工业和信息化发展系列蓝皮书）
ISBN 978-7-121-37517-0

Ⅰ. ①2… Ⅱ. ①中… Ⅲ. ①工业发展—白皮书—世界—2018—2019 Ⅳ. ①F414

中国版本图书馆CIP数据核字（2019）第216502号

责任编辑：管晓伟
印　　刷：天津画中画印刷有限公司
装　　订：天津画中画印刷有限公司
出版发行：电子工业出版社
　　　　　北京市海淀区万寿路173信箱　　邮编：100036
开　　本：720×1 000　1/16　印张：9.75　字数：250千字　　彩插：1
版　　次：2019年11月第1版
印　　次：2019年11月第1次印刷
定　　价：98.00元

凡所购买电子工业出版社图书有缺损问题，请向购买书店调换。若书店售缺，请与本社发行部联系，联系及邮购电话：（010）88254888，88258888。

质量投诉请发邮件至zlts@phei.com.cn，盗版侵权举报请发邮件至dbqq@phei.com.cn。

本书咨询联系方式：（010）88254460；guanphei@163.com。

前　言

随着全球经济增长动能削弱，经济发展的不确定性增大，经济下行风险不断加大，2019 年全球经济增速或将进一步放缓。2018 年 10 月，国际货币基金组织公布的数据显示，下调 2019 年全球经济增速预期，由 3.9%下调至 3.7%。全球经济发展态势势必在一定程度上影响世界工业的整体发展走向。

Markit 的数据显示，2018 年全球制造业 PMI 持续下降，许多国家甚至进入 PMI 低于 50 的制造业收缩区域。制造业潜在扩张能力不足，欧元区、美国等制造业重要经济体的全球竞争力，正在被汇率波动等风险不断削弱，其产品销量受到大幅影响。全球供应链价格上涨，加之原油、燃料及金属等大宗商品的价格上涨，进一步推高了售价，抑制了市场需求，使供给侧进一步萎缩。尽管全球制造业 PMI 增长放缓，但发达国家的表现好于新兴市场国家，实现了较为强劲的增长。据国际货币基金组织统计，2018 年第四季度全球制造业的增长势头明显减弱。除美国外，其他国家的工业生产均已减速，特别是资本品的生产。其中，PMI 表现颓靡，降至 50 荣枯线以下。由 IHS Markit 编制的摩根大通全球制造业 PMI 在 2018 年 12 月跌至 2016 年 9 月以来最低水平，至 51.5。预计 2019 年世界工业的增速将有所下降。国际货币基金组织发布的《世界经济展望》数据显示，2019 年及 2020 年的全球经济增速分别为 3.5%、3.6%，相比于上一期的预测，分别下调了 0.2%和 0.1%。

整体来看，世界工业恐将进入低速增长阶段，制造业的扩张能力不足。多家机构预测，未来全球经济增长将逐步减速。考虑到全球经济虽依然增长，但是增长已经见顶，风险正在不断累积，特别是受到贸易环境紧张、投资需求下降、利率上升、汇率风险增大等因素的影响，全球经济增长正在不断被拖慢，工业也将进入低速增长阶段。其中，美国等主要经济体的工业增速将下降，均面临下行压力；全球直接投资将进一步下滑，抑制企业扩大生产意愿；全球贸易争端加剧，贸易风险将难以避免；技术变革将拉动全球企业研发投入进一步增加；投资并购活动将迎来更为严苛的审查制度。

就中国而言，党的十九大报告提出了“我国经济已由高速增长阶段转向高质量发展阶段”的重要论断，强调建设现代化经济体系，必须把发展经济的着力点放在实体经济上，加快建设制造强国。为跟踪研究世界工业发展的最新态势，借鉴主要国家工业发展的经验教训，赛迪智库世界工业研究所组织编撰了《2018—2019 年世界工业发展蓝皮书》。本书全面梳理和总结了 2018 年世界工业的发展情况，从综合、区域、热点、专题等角度入手，对 2018 年世界工业的总体情况、主要经济体的发展状况、特定专题及年度热点事件等进行了全面阐述，分析了世界工业领域的重点和难点问题，并对 2019 年世界工业的发展趋势进行了展望。

囿于时间和自身水平，本书还有很多不足之处需要继续完善，希望广大读者给予批评和指正。

赛迪智库世界工业研究所

2019 年 4 月

目　录

综合篇

区域篇

热 点 篇

专 题 篇

展望篇

综合篇

第一章

世界工业发展状况

2018 年，全球经济扩张正在持续减弱，其中采购经理人指数（Purchasing Managers' Index，PMI）表现颓靡。在全球制造业 PMI 增长放缓的大背景下，发达国家的表现好于新兴市场国家，实现了较为强劲的增长，而新兴经济体制造业的增速放缓，多国制造业 PMI 跌破荣枯线。新兴产业保持平稳增长，特别是人工智能成为制造业新动能。就区域发展情况来看，发达经济体仍延续复苏势头，但速度较往年有所放缓；新兴市场和发展中经济体仍是全球经济增长的重要引擎，但整体增速有所放缓；非洲等最不发达经济体的经济增长较为显著。就产业来看，原材料、装备制造业、电子信息产业等均呈现不同发展态势。

第一节　总体状况

全球经济扩张正在持续减弱。国际货币基金组织预测，2018 年全球增长率约为 3.7%。欧洲和亚洲一些经济体的增长弱于预期，如德国实行燃气排放标准、日本遭受自然灾害等，对经济活动造成了不利影响，导致其在 2018 年下半年的增长势头减弱。受到中美贸易争端等重大因素的冲击，多个以出口为经济支柱的亚洲国家的制造业的景气程度普遍减弱。据国际货币基金组织统计，2018 年第四季度全球制造业的增长势头明显减弱。除美国外，其他国家的工业生产均已减速，特别是资本品的生产。PMI 表现颓靡，降至 50 荣枯线以下。由 IHS Markit 编制的摩根大通全球制造业 PMI 在 2018 年 12 月跌至 2016 年 9 月以来的最低水平，跌至 51.5。

一、发达经济体制造业小幅增长，但动能减弱

尽管全球制造业 PMI 的增长放缓，但发达国家的表现好于新兴市场国家，

实现了较为强劲的增长。受前期减税、基建投资等因素提振，美国经济保持较快增长，制造业稳中有升，劳动力市场改善，私人消费扩张。2018 年第三季度，美国制造业 PMI 的均值为 58.7，非制造业 PMI 的均值为 58.6，均远高于 50 的荣枯线，显示经济处于较快扩张区间。欧元区经济保持稳步增长，2018 年前 3 个季度，欧元区经济同比分别增长了 2.4%、2.2%和 1.7%。德国、法国经济继续发挥欧元区龙头和引擎作用，希腊的经济在经历长期衰退后复苏步伐有所加快；但欧元区制造业 PMI 表现疲软，出现连续第五个月的下滑，由 2018 年 11 月的 51.8 降至 12 月的 51.4，仅略高于 50 这一荣枯线，是 2016 年以来的 PMI 新低。日本经济温和增长，但低迷苗头再现。2018 年第二季度，日本经济回升，环比折年率增长 3%。第三季度，日本经济的环比折年率萎缩 1.2%，再陷萎缩泥潭。2018 年 11 月，日本制造业 PMI 为 52.2，较上月增长 0.4%，显示日本经济仍存在反复。日本劳动力市场仍处于较充分就业状态，10 月的失业率为 2.4%，继续保持历史低位水平。

二、新兴经济体制造业陷入收缩态势

2018 年，新兴经济体制造业的增速放缓，多国制造业 PMI 跌破荣枯线。印度制造业 PMI 在 2018 年 12 月降至 53.2，结束此前连续 3 个月的上涨。俄罗斯全年制造业 PMI 降至 50.9，仅高于荣枯线 0.9。韩国 PMI 也处于萎缩区域，为 49.8。马来西亚制造业 PMI 从 2018 年 11 月的 48.2 显著下跌至 12 月的 46.8，创自 2012 年 7 月 PMI 创设以来的最低值。其中，雇佣指标连续第三个月收缩。中国制造业 PMI 于 2018 年 12 月降至 49.7，为 2017 年 5 月以来首次跌破荣枯线，分项指数中，新订单指数 30 个月来首度进入收缩区间。新出口订单指数在 2018 年 12 月略有回升，但仍处于收缩区间。中国制造业内需走弱、外需疲软。企业去库存意愿增强且工业品价格下降，可能进一步拖累生产。

三、人工智能成为制造业智能化转型新动能

随着新一轮产业革命的兴起，全球各国纷纷加大对新兴技术和产业发展的布局，力争通过发展新技术、培育新产业来创造经济增长新动能。人工智能、虚拟现实、区块链、云计算、量子计算等新技术热点层出不穷。人工智能已成为引领未来的战略性技术，美国、欧洲等主要发达国家及新兴市场国家均将其视为维护国家安全、提升国家竞争力的重要武器，围绕产业核心技术、产业生态、标准规范等强化部署，加紧出台政策规划，争取在新一轮国际科技竞争中力争主导权。目前，美国硅谷聚集了人工智能企业 2905 家，以谷歌、微软、亚

马逊为代表形成集团式发展；欧洲人工智能企业总数为 657 家，占全球的 10.88%；印度已有 500 多家公司部署人工智能，在医疗保健、农业、教育、智慧城市和城市交通 5 个应用领域发力。

四、新兴产业保持平稳增长

延续 2017 年的增速，以节能环保、高端装备制造、生物医药、新能源、新材料、信息产业、现代物流等为代表的新兴产业仍旧保持平稳增长，继续保持全球产业增长极优势。从主要国家新兴产业的发展态势来看，美国新兴产业融合技术突破带来尖端产品创新加速和产业战略布局调整；德国“机器人+3D打印”使用技术融合发力推动产业化收入增加，并催生制造业强强联合表现活跃；日本“物联网+人工智能”技术的普及应用带来了机器人产业和能源产业全球跃升。从全球新兴产业的发展特点来看，新兴产业逐渐成为引领全球经济复苏的新动能，“以互联网+大数据+人工智能三位一体解决方案”为核心的新兴产业融合基础技术迅速兴起，以新材料和机器人为代表的融合技术产品在 2018 年集中发力，各国新兴产业迎来战略布局修订的高峰。

五、全球外国直接投资持续下降

2018 年，全球外国直接投资（Foreign Direct Investment，FDI）继续呈下降态势。联合国贸易和发展会议发布的《全球投资趋势监测报告》显示，全球 FDI 从 2017 年的 1.47 万亿美元下降到 1.2 万亿美元，降幅为 19%，达到全球金融危机后的新低点。受美国税收改革的影响，美跨国公司在税改后大量汇回了累积的海外盈利，直接导致流入欧洲的外资前所未有地减少了 73%，仅为 1000 亿美元，成为 20 世纪 90 年代以来的最低值；同时，美国吸收的外资也下降了 18%，降至 2260 亿美元。发达国家 FDI 流入下降是全球 FDI 下降的主要诱因。相比之下，流入发展中经济体的 FDI 则表现出较强的韧性，达到 6940 亿美元，增长了 3%。在发展中地区，亚洲发展中经济体 FDI 流入增长了 5%，非洲增长了 6%，但拉美和加勒比地区下降了 4%，东亚和东南亚是吸收外资最多的地区，占 2018 年全球 FDI 的 1/3。

六、全球跨境并购较大幅度上升

2018 年，全球跨境并购交易增长了 19%，继 2007 年后达到第三次高峰。在低借贷成本和强劲的流动性利益驱使下，跨国公司积极开展并购，据联合国贸易和发展会议统计，受全球服务业、第一产业跨境并购大幅增长（分别为

35%和 65%）的推动，全球并购额增至 8220 亿美元，特别是与金融、保险及原油和天然气相关的资产销售大幅增长。但制造业的跨境并购小幅下降，为 3200 亿美元。从不同类型的经济体来看，发达经济体是跨境并购的主要目标，受英国、德国和荷兰跨境并购，以及几笔大额并购交易及公司重组的推动，欧洲跨境并购净额增长了 66%，达到 3710 亿美元；发展中经济体的跨境并购销售额实现温和增长，为 9%，达到 1220 亿美元，占全球总额的 15%。

七、全球贸易扩张势头放缓

2018 年，全球贸易虽有增长但速度放缓，增幅低于预期，据世界贸易组织统计，全球贸易增长幅度从 2017 年的 4.7%降至 3.9%。从不同区域来看，亚太地区和新兴经济体仍有望继续领跑全球贸易增长；以推动国内经济增长和加强区域合作为动力，撒哈拉以南非洲贸易活力有所增长，或成为全球贸易增长的新动能；拉美和加勒比地区整体的增长速度有所放缓，个别国家受全球经济下行、国内政治动荡等影响表现不佳，但该地区未来的发展前景仍可期。从行业情况来看，汽车、电子元器件和农业原材料呈明显下降趋势，显示出全球市场疲软和消费不旺。同时，全球出口订单指数在 2018 年连续 4 个季度不断下滑（从第一季度的 102.8 下滑到第四季度的 96.6），显示出全球主要经济体间贸易争端升级带来的不利影响。2018 年是单边主义、保护主义疯狂蔓延的一年，威胁了全球多边贸易体系和贸易自由，主要经济体间贸易争端升级对全球贸易造成的损害也成为全球贸易增长放缓的主要原因。

第二节 区域发展

一、发达经济体

2018 年，发达经济体仍延续复苏势头，但速度较往年有所放缓。由于企业资本支出疲软和贸易状况恶化等不利因素的影响，美国经济增长速度出现回落，制造业发展动能有待提升。欧盟国家经济保持缓和复苏，各经济体仍维持一定增长率。日本经济增长有所回升，消费投资动力增强，失业率处于较低位。

（一）制造业发展动能减缓

2018年，全球制造业虽仍处扩张区间，但动能正在放缓。据ISM的数据，美国制造业 PMI 在 2018 年 12 月创下 2008 年金融危机以来最大降幅，仅为 54.1，大幅低于预期 57.5 和前值 59.3；其中新订单指数为 51.1，创 2014 年以来最大降幅，以及2016年8月以来新低，客户需求增速显著疲软，石油与煤炭产品、金属制品、非金属矿物产品、纸制品、塑料与橡胶制品5个领域的新订单萎缩。欧洲制造业PMI 2018年全年均值为54.3，较2017年同期回落2.1%。各月走势显示，除个别月份微幅回升外，欧洲制造业PMI在大部分月份呈现回落走势。第一到第四季度的均值分别为57.1%、54.6%、53.6%和52.0%。数据变化显示，2018年制造业保持复苏趋势，但增速整体持续放缓，下半年放缓趋势尤为明显。日本制造业也显示了下行趋势。受到国内需求放缓、第三季度的台风和地震等自然灾害，以及趋紧的全球贸易环境造成外需减弱的影响，日本2018年11月制造业PMI为52.2，是2017年8月以来最低水平，12月制造业PMI也只有少量上升。

（二）贸易出口增速放缓

受中美贸易争端的影响，发达国家的进出口贸易额虽有小幅增长，但速度远不及2017年。美国商务部的数据显示，2018年11月美国贸易逆差为493亿美元，环比大降11.4%，其中11月美国进口从10月的2668.8亿美元降至2591.9亿美元，降幅为2.9%，出口从10月的2111.8亿美元降至2098.7亿美元，降幅为0.6%。虽然11月美国的贸易逆差有所减少，但2018年前11个月的贸易赤字仍增长了10%以上。德国2018年的进口和出口额均刷新历史最高纪录，据德国联邦统计局的数据，2018年德国的出口额为1.3179万亿欧元（约1.49万亿美元），比2017年增加3%，进口额为1.09万亿欧元（约1.23万亿美元），比2017年增加5.7%。虽然进、出口额数目创新高，但增长速度远低于2017年。

（三）就业形势持续改善

2018年，发达国家制造业就业形势持续向好，就业市场持续改善。美国劳工部公布的数据显示，2018年12月美国非农就业人口增加了31.2万人，创10个月的最大增幅，预期增加18.4万人，这意味着美国就业总人数首次超过1.5亿。分行业看，12月医疗服务业、食品服务业、建筑业、制造业及零售贸易就业人数取得上扬。失业率方面，12月美国的失业率从此前的近49年的低点3.7%小幅增长至3.9%，重回7月的水平，但仍维持在4%下方。欧元区失业率稳定下降，据欧盟统计局发布数据，欧元区失业率在2018年11月为7.9%，降至10年来最低数值，接近金融危机爆发前。受到日本国内经济持续温和复苏的带动，企业招人愿望强烈。日本总务省发布的最新报告显示，2018年日本平均完全失业率为2.4%，比2017年下降0.4%，降至过去26年来的最低水平。

二、新兴经济体

2018 年，新兴市场和发展中经济体仍是全球经济增长的重要引擎，但整体增速有所放缓。由于金融环境趋紧、地缘政治紧张局势、石油进口成本上升及本国特定因素的影响，阿根廷、巴西、伊朗和土耳其等国家的增长预期并未由于石油价格上涨带来增长，反而呈下调态势。鉴于最近宣布的贸易措施，中国和一些亚洲经济体的增长势头预计将有所减弱。

（一）工业增长面临下行压力

全球制造业 PMI 连续两年的持续上升趋势在 2018 年出现了转折，开始从高位下行。在景气程度上，2018 年新兴市场国家整体上弱于发达经济体，2018 年 10 月，发达国家制造业 PMI 的均值为 54.56%，新兴市场国家制造业 PMI 的均值为 49.87%，短期内新兴市场国家面临的增长压力更大。在主要新兴市场国家中，印度与越南的经济景气程度表现良好，2018 年制造业 PMI 持续处于扩张区间，且均值显著高于 2017 年；而巴西及马来西亚的经济景气表现虽优于 2017 年，但巴西制造业 PMI 年内波动较大，马来西亚则仍然长期处于收缩区间内；俄罗斯、南非及土耳其的经济景气程度则表现相对较弱，其制造业 PMI 均较 2017 年出现下滑并多次跌入收缩区间。

（二）对外贸易持续增长

受大宗商品价格回升和市场多元化等因素的影响，新兴经济体的贸易保持一定增速。俄罗斯受益于能源价格回升、卢布贬值、农产品产量创历史新高推动农产品出口等因素，2018 年前 3 个季度对外贸易保持持续增长。原油、铁矿石和农产品等大宗商品是巴西贸易的核心产品，虽然 2018 年 5 月的货车司机大罢工对巴西的出口造成了一定的影响，但大宗商品平均价格的上升带动了巴西的出口继续增长。2018 年 1—10 月，印度的出口总额当月同比增速的整体状况与 2017 年相比略微上升，10 月的同比增速为 17.87%，较 2017 年同期上升了 19.88%；进口方面，10 月的同比增速为 17.63%，较 2017 年同期上升了 8.92%，但由于基数的影响，印度的贸易逆差规模仍然较 2017 年有所扩大，10 月的逆差为 171.30 亿美元，较 2017 年同期扩大了 25.20 亿美元。

（三）就业问题仍是痛点

虽然多数新兴经济体的经济保持中高速增长，但就业问题仍未得到大幅改善。印度受到全球订单需求放缓、缺少投资及工业化进程缓慢等的影响，失业率仍居高不下，劳动参与率在主要经济体中属于偏低水平，存在大量剩余劳动人口。2018年，巴西的失业率虽较2017年同期有所下降，但仍处于较高水平。据巴西地理统计局报告，失业率下降的主要原因是总统大选创造了较多的就业机会，以及临时工和自由职业者的增多，正式工作岗位并没有增加迹象。未来，巴西劳动力市场的表现仍取决于政府的各项提振经济措施能否取得良好的效果。南非的失业率在2018年再度攀升，失业问题严峻。虽然政府早在2010年就提出“新经济增长路线”发展战略，计划通过设立经济特区、建设基础设施项目等手段增加就业岗位，争取在10年内把失业率降至15%，然而就业状况并未得到改善，2018年9月失业率高达27.5%，达到全年最高。

三、不发达经济体

在过去的10年里，非洲经济增长显著。2018年，7个非洲国家——埃塞俄比亚、加纳、坦桑尼亚、塞内加尔、摩洛哥、科特迪瓦和吉布提成为全球增长最快的经济体。据IMF的最新数据，得益于撒哈拉以南非洲地区各国政策调整、全球经济稳定增长、大宗商品价格上行、外部融资环境保持宽松等因素，该地区经济的增速将由2017年的2.7%加快至2018年的3.1%，中期增速有望达到4%。麦肯锡公司（McKinsey & Company）的数据显示，该地区的经济呈爆发式增长，快速发展的城市化进程和企业的改革正在推动经济增长。预计到2025年，非洲的整体消费支出将达到25万亿美元。

（一）工业增长潜力巨大

大多数非洲国家目前仍处于初级工业化阶段，工业增长潜力较大。非洲国家的工业结构单一，基础薄弱，主要依靠出口原油、天然气、矿产等初级产品，经济对外依赖性较强。随着非洲自身发展潜力的不断释放，非洲工业的发展潜力较大，非洲国家及非洲联盟已先后出台了包括《非洲发展新伙伴计划》《加速非洲工业化发展行动计划》《非洲基础设施发展规划宣言》及《非洲2063愿景》等重要发展战略，力争通过工业化、经济融合和一体化推动非洲工业发展。目前，埃塞俄比亚正在建设15个工业园区，其中6个工业园区在过去几年中正式投入运营，吸引了来自中国、印度、韩国和其他国家的大量跨国公司。由于工业园区的工业化推动，埃塞俄比亚的国内生产总值（Gross Domestic Product，GDP）在2008—2017年期间保持了约10%的增长率，为非洲大陆创造了经济奇迹。

（二）外资吸引能力增强

2018 年，虽然全球 FDI 大幅下滑近 20%，但流向非洲的 FDI 保持持续增长。联合国贸易和发展会议发布的最新报告显示，非洲吸收的 FDI 约为 400 亿美元，较 2017 年增长了 6%左右。其中，埃及成为非洲第一大吸收外资国，FDI 流入规模由 2017 年的 74 亿美元增至 2018 年的 79 亿美元，增长了 7%，行业主要分布在房地产、食品加工、石油天然气勘探、可再生能源等；南非的 FDI 流入量增长迅猛，由 2017 年的 13 亿美元增至 2018 年的 71 亿美元，行业分布在采矿、石油炼化、食品加工、信息通信、可再生能源等；在非洲其他地区，第一大经济体尼日利亚的 FDI 流入规模被加纳以 33 亿美元取代；在东非地区，流向埃塞俄比亚的 FDI 为 31 亿美元，虽然下降了 24%，但仍居东非首位；非洲另一大经济体安哥拉则出现 FDI 净流出，规模为 51 亿美元。

（三）新兴产业实现较快发展

随着国家经济向好，以及当地政府对发展战略转型的日益重视，信息通信、电子商务、智能技术等新兴产业在非洲迎来较快发展。目前，撒哈拉以南的非洲地区有 4.2 亿移动用户，预计到 2020 年这一数字将增长到约 5.35 亿。智能手机的使用在过去两年中翻了一番，达到近 2 亿。撒哈拉以南的非洲地区的移动用户数量目前占全球移动用户总量的近 1/10，预计未来 5 年内其增长速度将超过其他任何地区。据相关国际自动化报告预测，非洲国家部分工作岗位将实现自动化，肯尼亚的行业自动化覆盖率将达到 52%，尼日利亚为 46%，埃塞俄比亚为 50%。由此可见数字化战略正成为非洲企业最重要的战略决策。未来，非洲的通信市场将步入更快的发展阶段。

第三节 重点行业

一、原材料工业

2018 年，在全球经济稳健复苏和国内经济稳中有升的带动下，原材料工业总体保持平稳发展的态势。总体来看，原材料工业生产小幅增长，但增速有所放缓，总体投资规模增加。

从钢铁行业的发展来看，由于全球发达经济体投资市场的复苏和新兴经济体的表现出众，2018 年全球钢铁需求继续表现强劲。据世界钢铁协会预测，2018 年全球钢铁需求量将达到 16.579 亿吨，同比增长 3.9%。2018 年的前 7 个月，全球粗钢产量合计达到了10.384亿吨，同比增长5.0%。2018年上半年欧盟28国的粗钢总产量约为1.0198亿吨，全球占比约为9.82%。其中，产量最高的是德国，前7个月粗钢产量为2635.5万吨，全球占比约为2.54%；意大利在欧盟28国中排行第二，产量为1502.5万吨。欧盟中的法国、英国和西班牙等国的产量都不到1000万吨。按单个国家算，前7个月印度的粗钢产量排第二名，为6183.1万吨，占全球粗钢产量的比例为5.95%；第三名是日本，前7个月的产量为6139万吨，占全球粗钢产量的比例为5.91%。

从石油化工行业的发展来看，2018年世界炼油、乙烯生产能力稳步增长，运行保持良好态势。美国进入乙烯产能投产高峰期第二年，对世界石化业带来较大影响。中国的炼油能力增速加快，将首次突破8亿吨/年，过剩形势更加严峻；乙烯产能继续增长，原料轻质化、多元化进一步发展。受到国内和出口需求增长方面的影响，欧洲的化工业不太乐观，欧洲化工委员会预计2018年欧洲的化学品产量下降0.5%，未来一年中欧洲汽车、农业和建筑行业的化学品需求可能会比2018年有小幅增长。

从有色金属行业的发展来看，2018年，全球金属产量的增长势头放缓，再生金属市场表现低迷。世界金属统计局的统计数据显示，2018年前3个季度，基本金属品种中仅有镍的产量较2017年同期出现显著增加，铜、铝、铅、锡的产量基本持平，锌的产量萎缩。不过，从矿产品的产量来看，2018年前3个季度，全球铝土矿、镍矿、锡矿的产量增长均超过10%，铜矿、铅矿的产量也均小幅增长。受国内环保政策加码及废旧金属进口政策收紧影响，导致全球再生金属产量萎缩，是主要品种矿产端与精炼金属端产量走势分化的关键。

二、装备制造业

伴随着经济全球化、现代技术革命，尤其是信息技术革命的发展，制造业的全球化、信息化、智能化趋势不断加强。产品制造的跨国化迅猛发展，科技中心控制制造业中心的趋势日益明显，信息化也给制造企业的产品开发、生产方式和管理方式带来了日益深刻的变革。

工业机器人是智能制造业最具代表性的装备。2018年全年全球机器人产业的市场规模超过298.2亿美元，其中，工业机器人的市场规模为168.2亿美元。在全球工业机器人市场，搬运机器人的销量最高，规模达到102.6亿美元，其次为装配机器人，其市场规模达到35.3亿美元。日本、美国、德国和韩国是工业机器人强国。其中日本号称“机器人王国”，在工业机器人的生产、出口和使用方面都居世界榜首；日本工业机器人的装备量约占世界工业机器人装备量的 60%。

全球新能源汽车产业蓬勃发展，各国已把新能源汽车列入汽车工业发展的既定战略。截至 2018 年第三季度，全球新能源汽车销量达近 130 万辆，同比增长 68%，环比增长 15.8%。此外，全球新能源汽车的渗透率也不断攀升，从 2015 年的 0.41%增长至 2018 年第三季度的 2.37%。美国特斯拉公司的销售额仍领跑全球车企，特斯拉 Model 3 车型的销售量达到 101565 辆，市场占有率为 6.81%。中国是全球最大的新能源汽车市场，美国和挪威分别位列全球第二和第三。

三、电子信息产业

2018 年，全球电子信息产业宏观环境延续企稳回暖态势。据 IC Insights 调研报告分析，2018 年世界电子信息产品市场预计为 16220 亿美元，同比增长 5.1%。其中，在计算机类市场中，2018 年预计达到 4180 亿美元，同比增长 3.5%，占总值的 25.8%，居第二位，因计算机（PC、笔记本电脑、平板电脑）需求下滑，2018 年占比率同比下降 0.4 个百分点。汽车电子市场是新亮点，2018 年世界汽车电子系统市场销售额预计达到 1520 亿美元，同比增长 7.0%，占电子信息系统的 9.4%，首次超过消费类产品市场。从技术角度来看，美国、日本、韩国、欧洲等国家和地区的相关企业仍掌握着大量信息领域高端产品关键核心技术，基本占据了高端信息产品的研发设计、生产制造、技术服务等价值链高端，代表性企业有谷歌、高通、英特尔、微软、三星等。

区域篇

第二章

美国

美国是当今世界上规模最大的工业化国家，工业门类齐全，体系完整，既包括钢铁、汽车、化工、石油、飞机、机械、造船、电力、采矿、冶金、制药、食品等传统工业部门，也包括微电子、计算机、宇航、新能源、新材料等新兴工业部门，其中电子电器、光电、宇航、清洁能源、生物制药等居世界领先水平。2018 年，美国呈现传统工业增长分化趋势明显等特点，预计 2019 年经济增速将下降，贸易争端的影响仍会延续。

第一节　发展概况

美国工业的发展有所放缓。2019 年 1 月公布的数据显示，美国 2018 年 12 月的 ISM（美国供应管理协会）PMI 为 54.1，出现了明显下滑，创出 15 个月内的最低水平。中美贸易争端所催生的高关税打击了美国国内企业经营者的信心，其扩张意图逐步收敛，最终体现在了 PMI 数据当中，如图 2-1 所示。

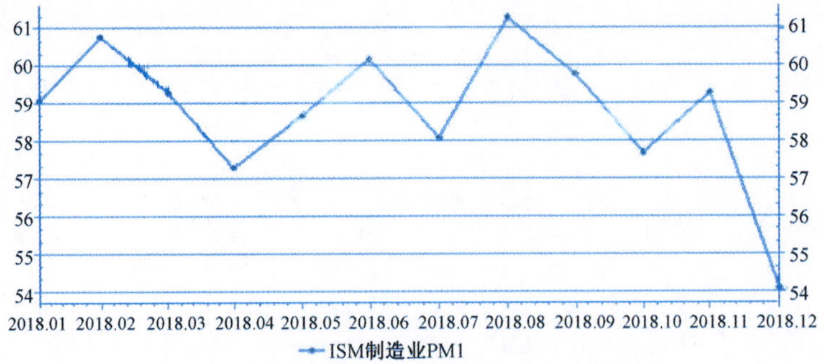

图 2-1　2018 年 1—12 月 ISM 制造业 PMI

（资料来源：Wind）

一、传统工业增长分化趋势明显

2018 年美国传统工业部门如钢铁、铝、煤炭行业的产值出现明显下滑，而页岩油的兴起使得美国首次成为全球最大产油国，汽车行业的销量则同 2017 年大致持平。受到 2018 年 6 月起美国对进口钢和铝分别加征 25%和 10%关税的影响，2018 年美国钢铁及铝行业出现明显衰退。自 2018 年 1 月 11 日以来，美国 7 家主要钢铁业和铝业制造商的市值共缩水了近 1/3。问题的根源是美国国内钢铁业的产能过剩，美国铝企也同样因成本过高和技术落后而发展受阻。这种依赖政府支持而非创新来维持生存的美国产业将面临风险。2018 年，美国煤炭消费量预计将下降至 1979 年以来的新低。煤炭消费量下降，主要是由于廉价和更清洁能源尤其是天然气的竞争。同时，更加严格的环保政策的出台，使一些老旧的、污染严重的燃煤电厂被迫关闭。自 2007 年美国煤炭需求下降、燃煤电厂关闭以来，2018 年，美国关闭燃煤电厂数量创历史第二高。2018 年，美国原油日均产量同比增加 153 万桶，达到 1088 万桶，有望刷新美国历年最高纪录。自 1973 年以来，美国首次成为全球最大产油国。美国成为石油净出口国，打破了过去将近 75 年对进口石油的持续依赖。过去 10 年间，美国的石油产出翻了一番多，显示美国页岩油兴起改变全球能源版图。2018 年，美国市场上的汽车总销售量大约为 1720 万辆，与 2017 年的总销售量相比大致持平，连续第二年达到至少 1700 万辆。但几大汽车厂商公布的各自的 2018 年美国市场销量普遍下滑，美国最大汽车制造商通用汽车公司的销量全年下降 1.6%至 295.4037 万辆，福特汽车公司的年度销量下降 3.5%至 249.7318 万辆，丰田汽车公司全年的销量下降 0.3%至 242.6672 万辆。

二、新兴工业投资增加，风险投资活跃

2018 年美国新兴工业部门投资出现增长，风险投资十分活跃。2018 年，美国在清洁能源上的投资总额约为 642 亿美元，同比增长 12%。替代能源技术发电的成本正在不断下降，在美国许多地区，新型风能和太阳能发电的成本已经远低于现有燃煤电厂的运营成本。公共事业规模太阳能光伏平准化成本同比下降近 13%，陆上风能的平准化成本则下降了近 7%。2018 年，美国创企风险投资融资总额达到 995 亿美元，相比 2017 年增加了 30%。其中，人工智能融资金额接近翻倍，融资笔数微降；健康科技融资金额增长，融资笔数持平；金融科技融资金额、融资笔数均迎新高。2018 年是美国独角兽公司诞生的大年，自 2016 年（只诞生了 13 家独角兽公司）的低谷之后，独角兽公司的诞生数持续增长，在 2018 年达到创纪录的 53 家，而独角兽公司的总数则从 2017 年的 110 家

增加到 140 家。在估值方面，2018 年美国 140 家独角兽公司的总估值是 5261 亿美元，创下新纪录，此前 3 年的独角兽公司总估值则均在 3000 亿美元级别。截至 2018 年，美国估值最高的 3 家独角兽公司是 Uber、WeWork 和 Airbnb，它们的估值分别为 720 亿美元、320 亿美元和 290 亿美元。

三、制造业的研发创新力度持续加大

在美国，制造业占全国产量的 12%，占世界产能的 18%，为大约 10.5%的劳动力提供了就业机会。美国制造业推动了 35%的生产率增长、60%的出口和 70%的私营部门研发，对美国的经济振兴具有举足轻重的作用。尽管美国的劳动力成本明显高于其他国家，但美国的生产力水平弥补了这一差异，并使美国成为制造业投资的一个有吸引力的地方。与其他国家相比，美国的劳动力成本差距开始下降，并且随着工业机器人成本的下降，以及人工智能技术的广泛应用，可能会继续下降。2008 年金融危机以来，美国先后通过制造业扩展伙伴关系（MEP）、先进制造伙伴（AMP）等计划不断增加对美国制造业的投资。经过多年的产出下降和劳动力比例下降，美国制造业在过去几年再次经历了新的增长。根据美国经济分析局的数据，制造业部门的研发投入所占比例超过所有私营部门的 3/4，比任何其他部门都更加驱动创新。制药业占所有制造业研发投入的 1/3，航空航天、化工、计算机、电子，以及汽车和零部件也都在研发投入中占重要地位。增材制造、3D 打印、先进机器人及物联网和大数据的利用等颠覆性技术正在彻底改变美国制造业。它们不仅提高了生产力水平，而且使美国成为高科技制造企业最具吸引力的地方之一。国家制造创新网络（NNMI，现在的 Manufacturing USA）等计划的开发代表了这一先进技术发展的一些最大驱动因素，14 个美国制造业创新中心（研究所）成立后在促进技术发展、与中小企业合作、培训制造业劳动力等方面取得了不俗的成绩。

四、贸易逆差达到金融危机后最高水平

自从特朗普担任美国总统以来，美国一系列极限施压的制裁措施正把中美经贸关系引向一场旷日持久的贸易战。贸易战不仅对美国经济产生严重损害，而且给全球经济带来巨大的不确定性和风险。2018 年 1—10 月，美国的贸易逆差达到了近 5030 亿美元，相比之下 2017 年同期为 4510 亿美元左右。上一次美国贸易逆差达到更高的水平是在 2008 年，当时的逆差达 7000 亿美元以上。根据美国商务部 2018 年 12 月的数据，2018 年 10 月美国贸易逆差扩大至 555 亿美元，环比扩大 1.7%，创下了自 2008 年 10 月以来的最高水平。2018 年 10 月美

国进口额环比增长 0.2%，至 2665 亿美元，同样创下历史纪录。出口额环比下降 0.1%，至 2110 亿美元。2018 年 10 月美国对中国的贸易逆差再度扩大，达到了 431 亿美元，创下历史新高。从中美贸易来看，2018 年中美双边贸易进出口总值为 6335.2 亿美元，同比增长 8.5%，其中中国对美国出口 4784.2 亿美元，增长了 11.3%，进口 1551 亿美元，增长了 0.7%，中国对美国贸易顺差为 3233.2 亿美元，超越了 2017 年 2758 亿美元的历史最高纪录；同比增长 17.2%，较 2017 年 13%的增速明显加速。2018 年全年，中国对美国的贸易顺差连续第二年刷新 2006 年有统计以来的最高纪录。

五、就业大幅改善，但面临长期衰退风险

2018 年是美国就业市场的标志性年份，劳动力市场的表现比任何时候都好。每月非农就业人数平均增长 213000 人，比 2016 年和 2017 年增长更快，即更多的人在 2018 年重返工作岗位。失业率从 2017 年 12 月的 4.1%下降到 2018 年 10 月的 3.7%，远低于美国联邦储备系统（以下简称美联储）的预期。包括劳动力再就业人数在内的更广泛的衡量指标，25 ~ 54 岁的就业人口与总就业人口的比率从 79.1%上升至 79.7%。非自愿兼职的工人比例从 3.1%下降到 2.8%。2018 年私营部门工人的工资增长率突破 3%。但是，从中期来看，由于不断增加的地区不平衡和党派分歧可能会使经济放缓变得更难管理、税收和关税政策的不确定性可能会对经济产生影响、移民政策加剧劳动力的缓慢增长，2018 年劳动力就业市场的加速改善不太可能在 2019 年继续。从长期来看，人口老龄化、工作年龄人口增长缓慢将导致美国劳动力市场面临不可避免的衰退。从现在到 2030 年，25 ~ 54 岁的人口预计每年仅增长 0.5%，比 20 世纪 70 年代、80 年代和 90 年代要慢得多，当时工作年龄人口的增长率平均为每年 1.8%。

第二节 政策动向

一、政策概述

金融危机之后，为促进美国经济复苏，美国政府把重点放在重振制造业上，推出了一系列政策措施。2015 年 10 月，美国国家经济委员会和白宫科技政策办公室联合发布了新版《美国国家创新战略》。该战略于 2009 年首次发布，于 2011 年进行过修订，2015 年的新版战略提出了维持美国创新生态系统的新政策。2016 年 5 月和 6 月，美国白宫科技政策办公室相继成立了美国国家科学技术委员会机器学习与人工智能小组委员会和网络与信息技术研发人工智能专

门工作组，并于2016年10月重磅推出这两个新领导部门分别完成的《为未来人工智能做好准备》报告和《国家人工智能研发战略规划》。2016年12月，又跟进发布了一份关于人工智能的报告——《人工智能、自动化与经济》。2017年9月，美国国会众议院通过了《自动驾驶法案》，它以“提高安全、增加老人和残障人员的流动性，以及确保美国在自动驾驶技术领域的前沿地位”为立法目的，是美国联邦层面第一个为确保自动驾驶安全、创新、发展、测试和运行的立法。2017年12月，美国总统特朗普正式签署1.5万亿美元的《减税与促进就业法案》，此乃美国最近逾30年来最大规模的减税行动。《减税与促进就业法案》将公司税率从35%大幅降至21%，将企业海外回流利润的所得税税率从35%下调至15.5%～8%，并全面下调了个人所得税税率。2018年6月，美国众议院科学、空间和技术委员会通过《国家量子倡议》法案，以确保美国在量子信息科学技术应用领域持续领先地位。《国家量子倡议》法案提出将实施为期10年的“国家量子倡议项目”，将设立目标、优先项和指标，投资研发和验证等活动，并支持跨机构合作，与工业界和学术界合作利用各类资源和联邦资金。还提出将成立若干政府机构和组织保障量子倡议项目的实施。2018年10月，美国国家科学技术委员会下属的先进制造技术委员会发布了《美国先进制造业领导力战略》报告，提出了三大目标，包括开发和转化新的制造技术，教育、培训和集聚制造业劳动力，扩展国内制造供应链的能力，同时还展示了未来4年内的行动计划，并对2012年《先进制造业国家战略计划》的实施进展情况进行了评估。

2009—2018年美国重振制造业的重要政策如表2-1所示。

表2-1 2009—2018年美国重振制造业的重要政策

时间	标题	主要内容	对制造业的重要影响
2018年10月	美国先进制造业领导战略	三大目标：开发和转化新的制造技术，教育、培训和集聚制造业劳动力，扩展国内制造供应链的能力。同时对2012年《先进制造业国家战略计划》的实施进展情况进行了评估	旨在扩大美国制造业就业，确保国防工业基础和繁荣经济
2018年6月	国家量子倡议	实施为期10年的“国家量子倡议项目”，将设立目标、优先项和指标，投资研发和验证等活动，并支持跨机构合作，与工业界和学术界合作利用各类资源和联邦资金。成立若干政府机构和组织保障量子倡议项目的实施	确保美国在量子信息科学技术应用领域的持续领先地位

表 2-1　2009—2018 年美国重振制造业的重要政策（续表）

时间	标题	主要内容	对制造业的重要影响
2017 年 12 月	减税与促进就业法案	将公司税率从 35%大幅降至 21%，将企业海外回流利润的所得税税率从 35%下调至 15.5%～8%	企业通常会选择税率更低的地区开办，而美国 21%的税率使其具备较强的竞争力，再加上海外汇回利润税率下降，有助于改善美国的制造业
2017 年 9 月	众议院通过《自动驾驶法案》	核心条款包含：①联邦和州政府的职责划分，明确美国国家公路交通安全管理局(NHTSA)负责规范自动驾驶汽车的设计、建造和性能，州政府则负责汽车的登记、牌照颁发、事故责任和保险等事项;②授权 NHTSA 根据特殊情况批准 2.5 万辆自动驾驶汽车在道路上测试，并在 3 年内将该数量逐步提高到 10 万辆；③授权 NHTSA 获取自动驾驶汽车安全数据以更新和发展有关安全标准，要求汽车制造商制定消费者隐私保护计划，明确告知消费者将如何搜集、使用和分享乘客的数据	以“提高安全、增加老人和残障人员的流动性，以及确保美国在自动驾驶技术领域的前沿地位”为立法目的，是美国联邦层面第一个为确保自动驾驶安全、创新、发展、测试和运行的立法

（资料来源：赛迪智库整理）

二、重大政策简析

（一）2015 版《美国国家创新战略》

2015 年 10 月，美国国家经济委员会与白宫科技政策办公室联合发布了新版《美国国家创新战略》。此前，美国政府先后分别于 2009 年、2011 年发布过《美国国家创新战略》。在 2015 版《美国国家创新战略》中，政府已经确定了新的政策，以支撑创新生态系统，给所有美国人提供好处。

2015 版《美国国家创新战略》承认联邦政府在投资美国创新基本要素、激发私营部门创新、赋予全国创新者权利方面的重要作用。此外，该战略还描述了如何通过 3 个战略计划扩建这些重要的创新要素。这 3 个战略计划重点为创造高质量就业岗位和持续经济增长、推动国家优先领域突破及建设创新型政府服务大众。

（二）国家人工智能研发战略规划

2016 年 10 月，美国时任总统奥巴马在白宫前沿峰会上发布报告《国家人工智能研发战略规划》。这是全球首份国家层面的人工智能发展战略计划。作为对该报告的补充和延续，同年12月美国白宫又跟进发布了一份关于人工智能的报告——《人工智能、自动化与经济》。这份最新的报告认为：应对人工智能驱动的自动化经济，是后续政府将要面临的重大政策挑战。下一届政府应该制定政策，推动人工智能发展并释放企业和工人的创造潜力，确保美国在人工智能的创造和使用中的领导地位。

奥巴马称人工智能战略规划将成为美国新的“阿波罗登月计划”。人工智能战略规划旨在运用联邦基金的资助不断深化对人工智能的认识和研究，从而使得该技术为社会提供更加积极的影响，减少其消极影响。

（三）自动驾驶法案

2017 年 9 月，美国国会众议院通过了《自动驾驶法案》。目前，该法案尚未正式成为法律，仍有待美国参议院的表决和总统的签字。

《自动驾驶法案》以“提高安全、增加老人和残障人员的流动性，以及确保美国在自动驾驶技术领域的前沿地位”为立法目的，是美国联邦层面第一个为确保自动驾驶安全、创新、发展、测试和运行的立法。《自动驾驶法案》将取代州政府对自动驾驶汽车设计、建造和运行制定的任何更低或不一致的要求。该法案有 4 个核心关注点：保护消费者、促进创新、提高流动性和推动技术研发。

（四）减税与促进就业法案

2017 年 12 月，美国总统特朗普正式签署 1.5 万亿美元的《减税与促进就业法案》，此乃美国最近逾 30 年来最大规模的减税行动。《减税与促进就业法案》将公司税率从 35%大幅降至 21%，将企业海外回流利润的所得税税率从 35%下调至 15.5%～8%，并全面下调了个人所得税税率。

总体来说，税改使税率下降、税基扩大，可以扩大消费基数，提振美国国民消费，同时增加企业利润，拉动就业增长，从而带动美国经济更快复苏。

《减税与促进就业法案》鼓励大量滞留的海外利润回流，能起到减少产业流失、扩大征税税基的作用。从更深层次来讲，它将引发跨国公司的全球布局和投资策略变化。

（五）《国家量子倡议》法案

2018 年 6 月，美国众议院科学、空间和技术委员会通过《国家量子倡议》法案，以确保美国在量子信息科学技术应用领域的持续领先地位。《国家量子倡议》法案提出将实施为期 10 年的“国家量子倡议项目”，将设立目标、优先项和指标，投资研发和验证等活动，并支持跨机构合作，与工业界和学术界合作利用各类资源和联邦资金。还提出将成立若干政府机构和组织保障量子倡议项目的实施。

《国家量子倡议》法案对美国国家标准与技术研究院、美国国家科学基金会和美国能源部提出了具体要求和举措，并授权以上机构在2019—2023 年共投入 12.75 亿美元。

（六）美国先进制造业领导力战略

2018 年 10 月，美国国家科学技术委员会下属的先进制造技术委员会发布了《美国先进制造业领导力战略》报告，提出了三大目标，包括开发和转化新的制造技术，教育、培训和集聚制造业劳动力，扩展国内制造供应链的能力，同时还展示了未来 4 年内的行动计划，并对 2012 年《先进制造业国家战略计划》的实施进展情况进行了评估。

《美国先进制造业领导力战略》报告旨在扩大美国制造业就业，确保国防工业基础和繁荣经济，激活美国制造的创新力，从而维持美国在全球先进制造业的领导地位。

第三节 发展趋势

一、经济增速将下降，贸易争端会加剧

根据国际货币基金组织2019 年 1 月的预测，随着取消财政政策、联邦基金利率暂时超过中性利率，2019 年美国经济增长率将下降到 2.5%。而高盛集团对美国 2019 年 4 个季度实际 GDP 增速的预测分别是 2%、2%、1.8%、1.8%，即全年的 GDP 增长将再度回到 2%以下水平。高盛集团认为，财政政策的刺激效果和整体市场环境并不乐观，2018 年减税的利好到 2019 年会逐渐消失归零。另外，金融环境也会对 GDP 增长有负面影响。同时，美国经济在 2019 年将面对国际贸易争端常态化、高频化的趋势加剧的局面。由于美国财政赤字扩大、私人储蓄下降、利率水平和美元汇率上升，美国贸易逆差可能持续扩大。根据

美国国会预算办公室2019年1月的预测，美国的贸易壁垒将损害而不是帮助美国经济。美国国会预算办公室认为，对钢铝和一些商品加征关税，将使美国实际GDP在2029年之前平均减少约0.1%，并加剧投资者的不确定感，可能进一步削弱美国经济产值。美国国会预算办公室估计，新的关税将推高通货膨胀，在2022年之前导致个人消费支出平减指数增加0.1%，私人投资价格提高0.5%。到2022年，贸易政策的变化将使实际消费减少0.1%，实际私人投资减少0.3%。

二、工业互联网平台竞争与合作并存

金融危机以来，美国提出了“再工业化”（Reindustrialization）战略。由于软件和互联网经济发达，美国侧重于借助网络和数据的力量提升整个工业的价值创造能力。这一次的工业革命以智能机器为主要工具，融合了互联网技术、移动互联网技术、大数据、智能分析技术。2012年2月，通用电气公司（GE）提出了“工业互联网”（Industrial Internet）的概念，并在医疗和航空等领域迅速推出了9个工业互联网项目。2014年3月，思科、IBM、英特尔、AT&T等企业参与进来，同GE一同组建了工业互联网联盟，关注工厂物联、智能设备、智能数据和智能决策4个重点领域，并于2015年推出基于PaaS（Platform as a Service，平台即服务）层的工业云服务平台Predix。但是Predix并没有取得预想中的成功。2018年12月，GE宣布已达成出售部分GE Digital业务的协议，且剩余业务将被组成一家独立的公司。新的独立的工业互联网软件公司的业务包括Predix、APM、Historian、HMI/SCADSA、MES、OPM，以及GE电力数字化板块和电网软件解决方案等。GE旨在通过新的工业互联网软件公司来推动数字化领导地位，希望进一步加强工业互联网战略。预计2019年工业互联网平台会呈现出竞争与合作并存的局面。

三、汽车业将受到补贴及法律影响

汽车业是美国制造业的重要支柱。在电动汽车领域，美国通过《美国复兴和再投资法案》《美国清洁能源与安全法案》、新的燃油经济性标准（CAFE）及调整各类电动汽车的税收优惠等措施，引导美国汽车工业将重心转向插电式混合动力汽车和纯电动汽车。2018年，美国电动汽车累销达358645辆，较2017年激增80%。其中特斯拉Model 3在美国市场累销达139513辆，占据39%的市场份额，成为美国最畅销的电动汽车。丰田普锐斯Prime以27595辆的累计成绩排在第二名。由于联邦政府电动汽车补贴将从2019年开始减半至3750美元，到2019年年底全部取消，预计2019年美国电动汽车的销量会出现下降。在无人驾驶汽车领域，在法案制定方面，美国众议院在2017年通过了相关法规，以加速无人驾驶汽车的推广并禁止各州制定相关标准，但该法案在参议院一直未被审批。在技术研发方面，美国有福特汽车公司、GE、Waymo 等。在落地应用上，2018 年 10 月，谷歌母公司 Alphabet 的自动驾驶部门 Waymo 成为首家获得测试前排无人类司机汽车许可的公司。2019 年 1 月，Waymo 在密歇根州建立了世界上第一家 100%致力于 L4 自动驾驶汽车大规模生产的工厂。预计 2019 年美国无人驾驶汽车将进一步发展。

四、传统能源的产量和出口量将加大

特朗普任美国总统后一直大力支持传统能源的发展。美国正加快成为全球能源体系中的重要战略棋手，加大能源出口力度也是“能源主导权”政策的体现。美国的出口受到天然气和石油产量激增的推动，如水力压裂，将水、沙子和化学物质输送到地下，以压裂页岩，并允许碳氢化合物流动。2018 年，美国平均原油产量达 1090 万桶/日，打破了 1970 年 960 万桶/日的纪录。伴随着美国继续开发页岩油、致密油和天然气资源，2019 年原油产量有望进一步升至 1206 万桶/日。美国在 2017 年成为天然气净出口国，2018 年同样如此，而 2019 年也将依然保持这种状态。美国的液化天然气出口将日益以出口至更远的目的地为主。根据美国能源信息署 2019 年 1 月的预测，当美国原油产量达到 1400 万桶/日时，美国的原油产量将维持在该水平以上直到 2040 年。自 1953 年以来，美国一直是能源净进口国。随着美国原油产量的增加和国内石油产品消费的减少，美国将在 2020 年成为液化石油的净出口国，并在 2050 年成为天然气和煤炭（包括煤焦）净出口国。

第三章

欧盟

第一节 发展概况

欧盟工业基础雄厚，近年来工业占国民经济的比例虽有所下降，但实力仍然较强。欧盟近年摆脱债务危机进入后增长时期，2018 年经济总体增速有所放缓，预计 2019 年工业生产下滑愈加明显。2018 年，欧盟经济总体增长放缓，但仍然保持较为稳健的状态，全年增速约为 2.0%。这一年来，欧盟内部市场对欧盟经济起到了有力的支撑作用，内需进一步得到释放，金融货币政策较为宽松，投资活动增长对拉动经济增长均起到了支持作用。与此同时，全球贸易保护主义加剧、英国脱欧进程不明朗、法国燃油税抗议等内部和外部不稳定因素对欧盟经济增长产生掣肘，欧盟经济下行风险正在开始增加。

一、总体概况

（一）经济增长有所放缓

欧盟近年摆脱债务危机进入后增长时期，2018 年经济总体增速有所放缓，前 3 个季度实际 GDP 同比增速分别达到 2.3%、2.1%、1.9%，与 2017 年相比出现明显下滑。与此同时，以德国、法国等为代表的欧盟主要成员国家的经济增长也有一定程度的回落，德国 2018 年第二季度同比增速为 1.9%，增速较 2017 年同期下降 0.3%；法国、意大利、西班牙第三季度同比增速为 1.5%、0.8%、2.5%，较 2017 年同期分别回落 1.2%、0.9%、0.4%。此外，希腊、克罗地亚、瑞士等国保持连续增长，特别是希腊在经历了多年的经济停滞状态后，已迎来连续 7 个季度保持增长，但增长幅度不大。虽然英国受到脱欧等不确定因素的影响，但前 3 个季度其实际 GDP 同比增速为 1.1%、1.2%、1.5%，意料之外呈加速态势。目前，欧洲一体化正面临诸多挑战，以英国脱欧、德国执政党换届、法国“黄背心”运动等为代表的不和谐声音都会放大欧洲经济整体面临的困境。

欧盟 28 国、欧元区 19 国的 GDP 增长率如图 3-1 所示。

图 3-1　欧盟 28 国、欧元区 19 国的 GDP 增长率

（资料来源：欧盟统计局）

2018 年全年欧元区 19 国的 GDP 增长率达到 1.9%，2017 年该增长率为 2.5%，经济增速明显比前一年有所放缓，低于美国 2.9%的较快增长率。2018 年年初，欧盟经济预期向好，全球主要投资机构普遍预测经济将迎来强势增长，进入下半年后，特别是在2018年第四季度，受政策不确定性的影响，整体经济增长动力不足，德国、法国等欧盟主要成员国的GDP增速都在放慢，整体经济形势呈现颓势。2018 年，欧盟成员国继续维持相对较低的通货膨胀率，其中，2018 年 12 月欧元区成员国的通货膨胀率为 1.6%，希腊、葡萄牙和丹麦是通货膨胀率最低的3个国家，分别为0.6%、0.6%和0.7%，爱沙尼亚、罗马尼亚和匈牙利是成员国中通货膨胀率最高的国家，分别为 3.3%、3.0%和 2.8%，其中共有 22 个国家年度通货膨胀率较 2017 年下降，整体维持较低水平，服务业、能源和食品对通货膨胀率增长的贡献较大。

从欧盟各成员国的情况（图 3-2）看，2018 年第二到第三季度，欧盟各成员国的 GDP 多数保持增长，但增速大多低于 1%。2018 年第三季度，马耳他（3.3%）、罗马尼亚（1.9%）、拉脱维亚（1.7%）和波兰（1.7%）的 GDP 增速最快，高于1%，德国、意大利、瑞典2018年第三季度的GDP呈现负增长，法国的 GDP 增速为 0.26%，英国的 GDP 增速为 0.6%。其中，马耳他 2018 年的 GDP 增速位居欧盟第一，接近 6%，近年来已成为欧盟经济增速较快的国家之一。随着全球贸易环境变化、英国脱欧、德国大选、法国燃油税抗议等，欧洲经济社会正在经历考验，从2018年的数据来看，欧洲经济仍维持增长，但未来不确定性有所增加，总体预期有进一步向下的风险。

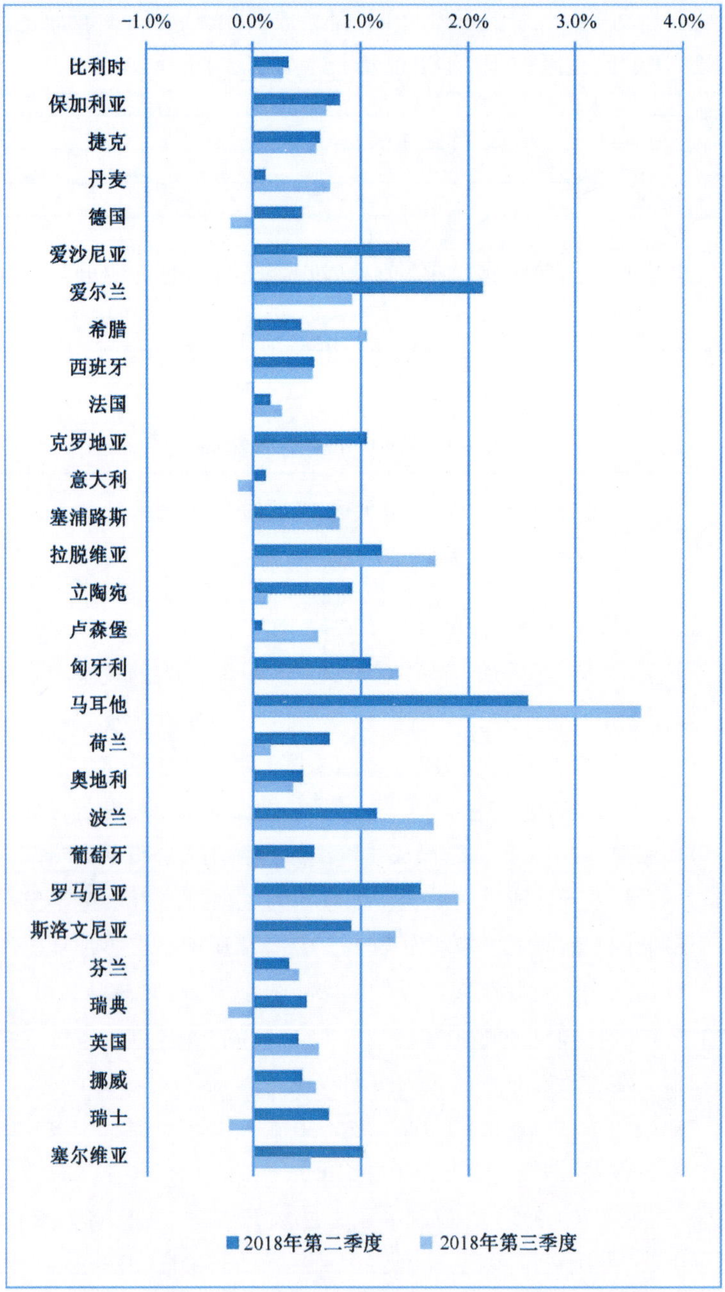

图3-2　2018年第二和第三季度欧洲30国GDP增速对比
（包括欧盟27个成员国与挪威、瑞士、塞尔维亚）
（资料来源：欧盟统计局）

目前，全球经济放缓和贸易争端等因素形成的多重风险对欧盟经济预期造成了一定的影响，全球贸易争端不断加剧导致企业生产经营计划被扰乱，特别是对制造业生产的影响尤为明显，未来欧盟经济想要实现债务危机之后的可持续增长面临着诸多的挑战。

（二）工业生产进入下降通道

欧盟工业发展起步较早，工业门类齐全，近年来随着新工业革命和新技术的推动，工业发展重新被视为拉动经济的重要部门。欧盟工业在2017年迎来了快速增长，制造业扩张显著，但2018年，欧盟工业没能保持快速发展的势头，工业生产在高位回落，呈现阶段性调整，2018年前3个季度中，有5个月呈现环比下降态势，7、8两个月环比下降最为明显。欧盟成员国中工业实力最强的德国的工业产出在2018年也出现了明显的下降趋势，7月增速呈现负增长（-1.7%），8月增速为零。欧洲统计局2018年12月发布的统计数据显示，10月欧盟和欧元区工业产出环比均仅有0.2%的增长，同比增长1.3%和1.2%。其中，生产资料产出环比增长0.8%，耐用消费品环比增长0.6%，中间产品和非耐用消费品增长0.3%，能源产出则下降了1.4%。立陶宛、斯洛文尼亚、匈牙利和瑞典等国的涨幅较大，分别为7.4%、2.5%、2.1%和2.1%，而芬兰、希腊、拉脱维亚和捷克的工业生产呈现下跌，分别为-2.6%、-1.5%、-1.2%和-1.1%。Markit的数据显示，2018年欧元区制造业明显收缩，2018年12月制造业PMI为51.4，进入2019年1月进一步收缩，如图3-3所示。

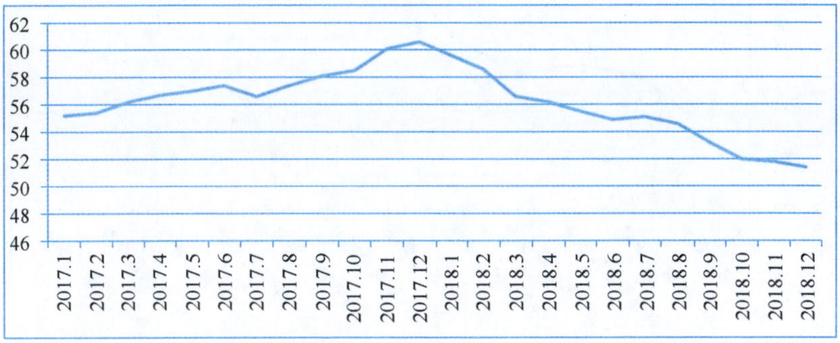

图3-3 欧元区制造业PMI（2017年1月—2018年12月）

（资料来源：Markit）

从各成员国来看，德国、法国、意大利等国制造业的水平在2018年均呈现下降态势，特别是德国制造业PMI从年初的61大幅下降至年末的51.5，英国、波兰、西班牙等国制造业 PMI 下降幅度虽然较小，但也同样都低于 2018 年年初水平，如图 3-4 所示。与此同时，2018 年欧盟制造业产能利用率水平虽然维持在较高水平，但是从第四季度出现明显的下降，2019 年第一季度又进一步下降，如图 3-5 所示。

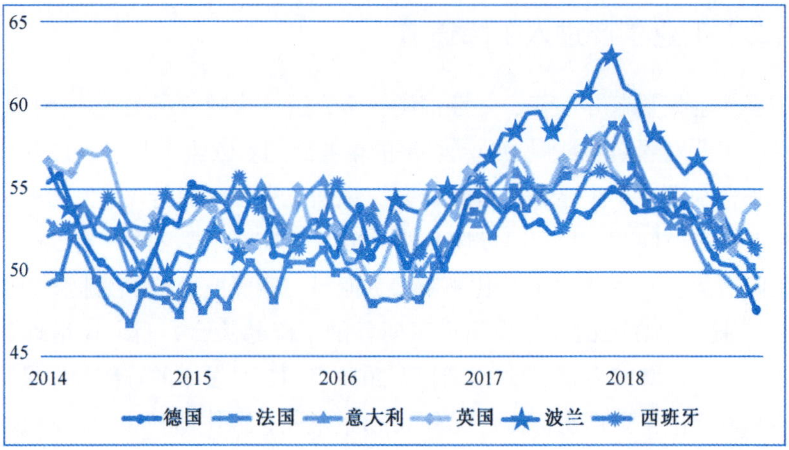

图 3-4　2014—2018 年欧元区主要国家制造业 PMI

（资料来源：Markit）

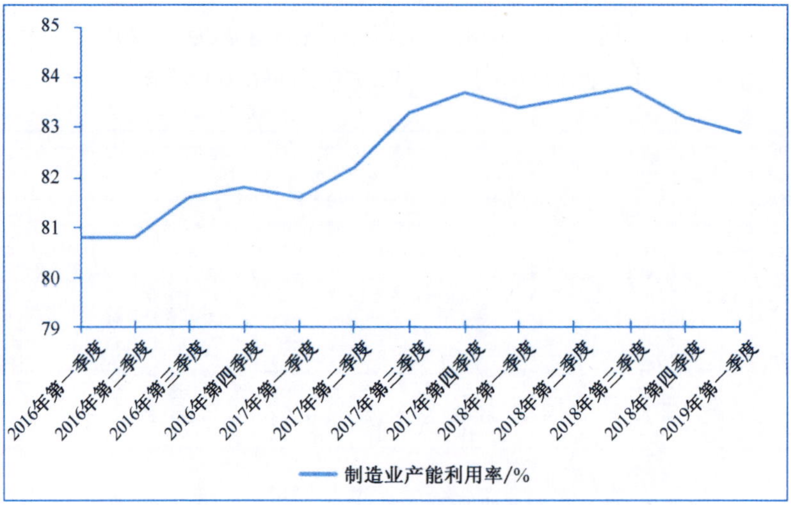

图 3-5　2016—2018 年欧盟制造业产能利用率

（资料来源：欧盟统计局）

（三）技术创新领先地位正日益受到挑战

随着当前科技不断变革、经贸关系风云变化，欧盟经济增长面临重重困难，技术产业创新能力也受到了挑战，欧盟成员国内部的科技创新实力不尽相同。2018 年 10 月，世界经济论坛发布的《2018 年度全球竞争力》报告中对全球各国的竞争力进行了评估，该指数通过新的测算方法反映了第四次工业革命对生产力具有重要影响的新因素。排名中，德国、瑞士、荷兰、英国、瑞典和丹麦仍然进入了 2018 年全球国家竞争力前 10 位。其中，德国排名第三，瑞士（非欧盟国家）排名第四，此前曾连续 9 年成为最具竞争力的国家。

在欧盟委员会最近发布的《2018 年欧盟工业研发投资排名》中，德国大众汽车集团位于欧洲企业之首，为 131.35 亿欧元，低于三星和苹果公司。此外，戴姆勒公司也进入了前 10 名。在被调查的 2500 家公司总计 7364 亿欧元的研发投入中，欧盟占比为 27.2%，低于美国的 37%。在排名 Top 100 的公司中，德国有 13 家，法国有 4 家，瑞士有 3 家，其中共调查欧盟企业 577 家。欧盟主要的研发投入领域是汽车、医疗健康和 ICT（信息通信技术）。2018 年 6 月欧盟发布的《2018 欧洲创新记分牌》报告，对欧盟创新绩效和产出速度进行了比较，指出欧盟整体创新绩效正在接近美国和日本，但是成员国内部整体水平参差不齐，其中荷兰、马耳他和立陶宛等国创新绩效进步很快，但罗马尼亚和塞浦路斯等国有所下滑。欧盟内部国家可以根据创新绩效得分被划分为领先创新、强劲创新、中等创新和一半创新四类，德国从领先创新型国家滑落到强劲创新型国家。该报告还比较了其他国家和地区的创新水平，中国在创新方面表现突出，创新绩效增速约为欧盟的 3 倍，而金砖国家的创新成效仍远低于欧盟。

（四）消费和贸易均有所放缓

2018 年欧盟内部总体消费情况稳定，但是增长有所放缓，2018 年上半年消费增速约为 2.8%，与 2017 年相比增速有较大降幅，第三季度欧盟人均消费环比增长 0.4%。在贸易方面，受全球贸易环境变化的影响，欧盟进出口增长情况比之前明显放缓，其中第二季度欧盟总体进口和出口同比分别增长 2.7%和 2.8%，比 2017 年同期情况有所下降。前 8 个月货物贸易进出口规模均超过 1.2 万亿欧元，逆差为 130 亿欧元，贸易逆差有所扩大。2018 年，欧盟继续成为我国最大贸易伙伴，进出口分别增长 9.2%和 7%。在固定投资方面，2018 年的情况好于 2017 年，表现出较强的投资需求，前两个季度分别增长 3.4%和 4.2%。

（五）欧洲已成为中资并购活动的主要目的地

欧洲在 2018 年仍然是中资企业发生海外并购金额最多的地区，总计达 659.4 亿美元，实现较快增长，增速达 37.9%，约占全球并购总额的 60%，比 2017 年增长约 20%。由于美国对外资监管控制日趋严格，以及中国在“一带一路”沿线国家开展投资并购、项目实施等活动，欧盟地区还将进一步吸引中国资本进入。与此同时，欧盟也在讨论通过进一步收紧外商投资的法案，今后恐将对外资在欧洲的投资并购产生影响。

在外资流动方面，2018 年上半年流入欧盟地区的对外直接投资额有所下降，为 1270 亿美元，特别是第二季度下降幅度较大，其中爱尔兰、英国、比利时、芬兰等国下降明显，整体占全球对外直接投资流入的 23%。德国是 2018 年上半年对外投资主要国家，投资额为 760 亿美元，法国和荷兰分别为 510 亿美元和 440 亿美元。

（六）就业情况持续向好

2018 年，欧盟地区的整体就业情况继续延续此前的向好趋势，失业率逐月有所改善，年度失业率为 7%，创下近年来欧盟失业率最低纪录，如图 3-6 所示。与此同时，欧盟地区的整体薪酬水平正在稳步增长，第二季度小时工资水平增长 2.6%。但是，欧盟内部成员国的就业情况不尽相同，差距依然较大，其中，西班牙、希腊、意大利和法国的失业率水平依然较高，希腊、西班牙的失业率水平分别高达 19.5%和 15.3%，德国、捷克、匈牙利、罗马尼亚的失业率保持在 2%～4%的水平。

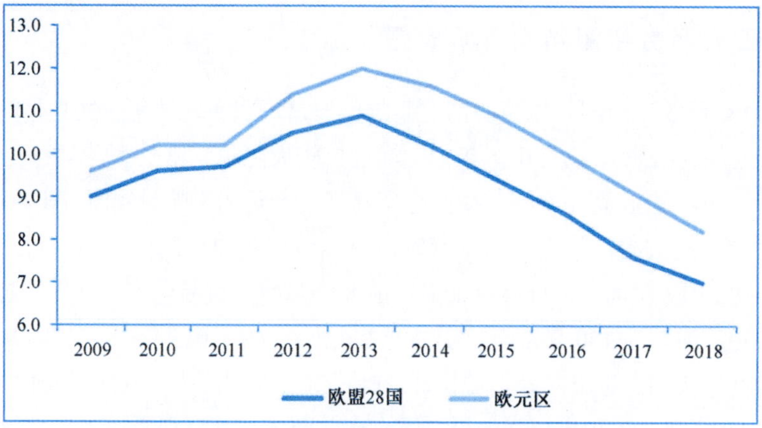

图 3-6 欧盟 28 国和欧元区的历年失业率（单位：%）

（资料来源：欧盟统计局）

随着欧盟经济逐步复苏，欧盟地区的失业率近两年不断下降，但整体水平与美国、日本等国相比仍然较高，2018 年美国的失业率进一步下降至 3.9%，日本仅为 2.5%。欧盟经济增长仍面临进一步放缓的压力，未来新增就业机会还有着很大的不确定性，欧盟如果能够通过相应改革法案继续促进经济增长，则就业情况将会步入良性循环。

二、重点国别

（一）德国

德国是全球工业化水平最高的国家之一，其工业化历史悠久，工业基础雄厚，从产业结构、产品品质到创新能力、工业设计等方面均处在全球领先位置。制造业目前仍然是德国工业的核心，德国制造在许多领域内已经成为业内标准。近年来，随着新一代信息技术和工业革命的兴起，德国工业也面临着诸多挑战，如何将传统工业实力与新技术带来的创造力相融合正成为摆在德国工业面前的问题。金融危机过后，德国经济已经恢复发展，多年保持稳步增长，2018 年德国经济增长有所放缓，经济增速仅为 1.5%，低于前两年 2.2%的水平。德国经济在经历了连续 9 年的增长后，已呈现出增长动力不足的情况。消费和投资仍然是拉动德国经济增长的重要部分，统计数据显示，2018 年德国家庭消费支出和政府支出为 1.0%和 1.1%，增速也低于之前。2018 年，德国的进出口额持续增长，但进口增长快于出口，进、出口额分别增长了 5.7%和 3.0%，其中货物出口额达到 13179 亿欧元，连续第五年突破历史新高，但增速远低于 2017 年 6%的水平。目前，德国仍然是贸易顺差大国，2018 年贸易顺差达到 2278 亿欧元，大额贸易顺差同样引发了美国的关注。受全球贸易环境恶化、经济降温等因素影响，德国的汽车行业在2018年较为疲软，工厂订单等数据的降幅较大，作为拉动德国经济增长的出口贸易正经受考验。目前，德国金融货币等诸多经济指标都显示，未来经济预期恐怕难以实现较快增长，经济下滑的风险已经非常明显。

综合上述经济指标，2018 年，德国工业发展呈现以下几个特征。

1. 工业生产年末下滑明显

德国发布的数据显示，2018 年，德国工业生产遭遇明显下滑，特别是在第四季度产出经历了大幅下降。德国工业此前已连续 6 年增长，2017 年，制造业 PMI 全年都处于高位，而 2018 年则呈现逐月下降趋势，工业产值增长了

1.0%，制造业PMI从1月最高的61.1下降至12月的51.5（图3-7），2019年1月仅为49.7，进入收缩区域。工业生产指数也同样出现大幅下降，2018年8月以来工业生产指数多次出现负增长，11月为-4.5%，如图3-8所示。从行业来看，德国工业的支柱——汽车行业全年同比下降0.2%，奔驰、奥迪、欧宝等多家车企的销量下降。德国工业的另一支柱——机械行业2018年订单增长了5%，与2017年相比有所放缓，特别是2018年12月来自非欧元区的订单大幅下降了17%，海外需求不足成为阻碍德国工业增长的主要原因。

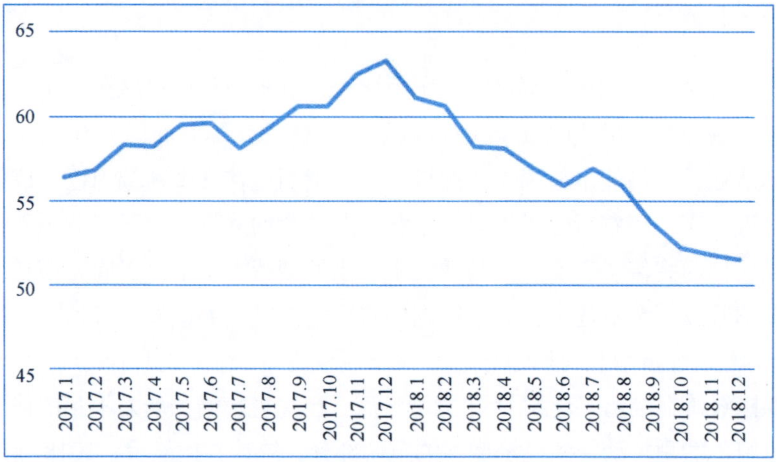

图3-7 德国制造业PMI

（资料来源：Markit）

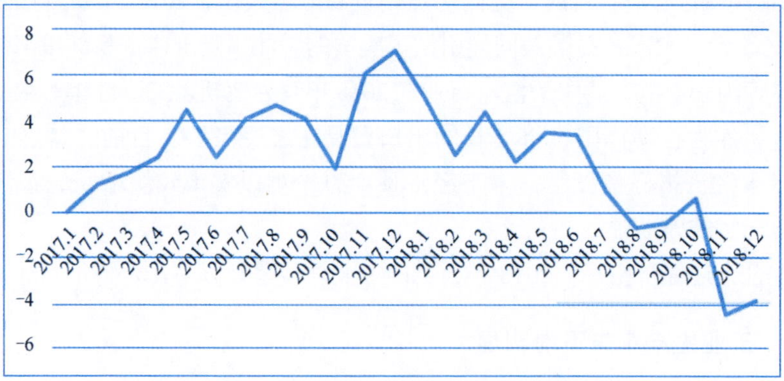

图3-8 德国工业生产指数（同比%）

（资料来源：德国统计局）

2. 智能制造领域成为工业发展重点

工业 4.0 战略正在推动智能制造领域成为德国工业发展的重点之一，德国的工厂目前已经开始智能化转型之路。工业互联网和物联网技术正在推动制造业数字化转型生态系统的形成，为实现协同工作打下基础。中国近年来与德国开展了许多智能制造领域方面的合作，共同推广工业 4.0 理念，为工业发展注入了活力。德国在互联网方面的发展落后于美国，因此德国寻求借助自身强大的工业基础，力图通过利用新技术来推动德国工业迈上更高的水平。

3. 汽车产业正经历转型升级考验

2018 年，德国汽车市场总体呈现下降态势，全年累计销量约 343 万辆，下降了 0.2%。德国联邦法院出台法律禁止老旧柴油车行驶，同时引入了更为严格的排放标准，对德国汽车企业造成了一定的影响。企业短时间内对于政策影响难以做出精准的决策，柴油车和新能源车的生产制造方面调整不及时，另外，全球汽车市场需求下降等原因，都导致德国汽车市场在2018年的销量下滑。目前，汽车产业仍然是德国工业和国民经济的重要支柱，逐步培育新能源汽车增长点是德国车企转型的方向。

4. 科技创新动力持续推动产业发展

在世界经济论坛的最新报告中，德国仍是欧洲最具竞争力的国家，在“从创意提出到产业商品化的创新过程”这一项中，德国排名第一，这些优势使德国成为高技术产业化的重要投资目的地。德国不仅注重基础研究方面的创新，在技术产业化方面也走在前列。2018 年，德国宣布加强在科学数据基础设施方面的投入，建立更加完善的科研体系；发展 5G 网络，提出网络调控新规则。鉴于新兴市场在创新领域的崛起，德国已经意识到来自他国的威胁，不断强调加大在研发、教育、基础设施等方面的投入，加强与市场经济国家的合作，避免在未来科技领域竞争中处于劣势。

（二）法国

法国工业门类齐全，汽车制造、电器、食品，以及核能、航空航天等新兴工业部门是支撑法国工业的重要领域。法国仅次于德国，也是欧盟工业发展水平较高的国家之一，近年来，法国已经意识到工业发展对于拉动经济的重要作用，希望重振法国的工业。

法国经济近年来逐渐从金融危机影响中恢复，自 2015 年以来经济开始稳步增长，2017 年，法国经济增长率为 1.9%，2018 年，经济增长率约为 1.5%，其中，第一至第四季度经济同比增长率分别为 2.2%、1.7%、1.4%和 0.9%，GDP 总量为 2.35 万亿欧元。受到能源价格上涨的影响，法国的货物贸易逆差进一步扩大，达到 599 亿欧元，同时企业出口额持续增长，2018 年法国的出口企业有 12.5 万家。在消费方面，2018 年 9 月，法国家庭消费支出同比下降 1.5%

1. 工业整体呈现下降趋势

法国工业自 2015 年以来开始逐渐恢复，2017 年，法国制造业扩张势头明显，各项工业指标全面超过此前数据，但是进入2018年后，法国工业没能继续维持增长趋势，制造业 PMI 从年初 58.4 的高位，持续下降至 49.7（图 3-9），回到了制造业收缩区域，全年平均值为 52.8。工业生产指数波动向下，并且呈现进一步向下的趋势，如图 3-10 所示。制造业产能利用率也同样在第四季度下降至 85.5。受到法国国内罢工游行等事件的影响，工业进一步下滑的预期目前比较明显。

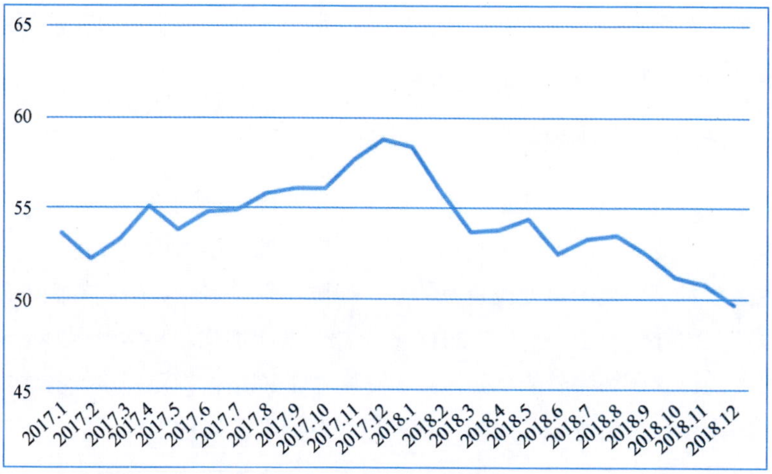

图 3-9　法国制造业 PMI

（资料来源：Markit）

2. 就业情况进一步改善

虽然工业发展呈现出下降势头，但法国 2018 年的就业情况却得到进一步改善。2018 年的失业率为 9.1%，低于 2017 年 9.4%的水平。第四季度失业率明显下降，失业人数为 367 万人，求职总人数减少了 0.8%，年轻人（25 岁以下）的失业率降低了 2.9%。法国政府目前将改善就业的重点放在了加强职业培训和完善学徒制两个方面，特别投入 150 亿欧元的“职业技能投资计划”项目，希望进一步降低失业率，确保在马克龙本届总统任期内将失业率降低到 7%。

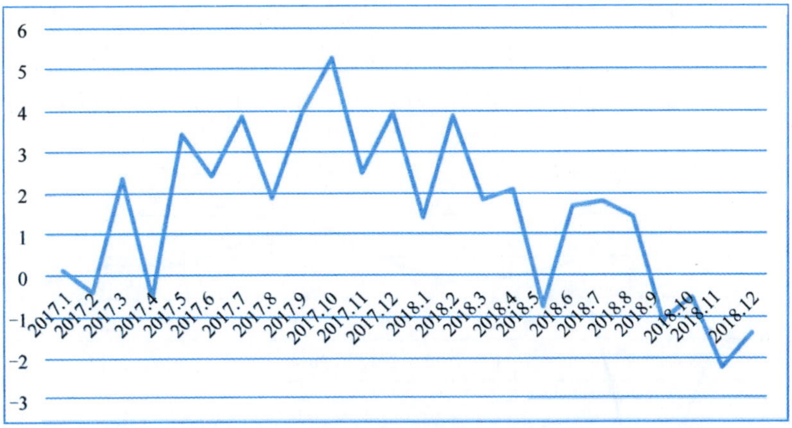

图 3-10 法国工业生产指数（同比%）

（资料来源：法国统计局）

3. 制造业企业的投资意愿下降

法国调查机构的数据显示，法国制造业企业 2018 年的投资意愿下降。在企业家调查中，企业主表示会将投资降低 1%。其中，制造业企业的投资意愿降低主要表现在农业食品生产和汽车制造方面，受到欧盟汽车行业新标准等政策的影响，未来企业是否会增加投资还有待进一步观望。

4. 积极推动向可再生能源转型

法国长期以来依靠核能供给电力能源，为优化能源结构应对气候变化，法国目前正推动逐步向可再生能源进行转型，减少对核电的依赖。2018 年，法国可再生能源发电量占法国电力供给的 22.7%，比 2017 年有所增长。其中风能、水力和光伏发电是可再生能源电力的主要来源。法国目前在可再生能源发展和创新上具有较强的技术优势。

（三）英国

2017 年，英国通过全民公投决定退出欧盟的举措给英国未来的经济和工业发展都带来了极大的不确定性。曾经作为欧盟第三大经济体的英国，未来的工业发展恐怕面临更为严峻的挑战。

2008—2013 年，英国经济发展波动较大，特别是在 2009 年英国经济经历了最为艰难的发展过程，在 2013 年第三季度后才进入平稳复苏阶段。2017 年，英国经济增速为 2.0%，2018 年，英国经济增速仅为 1.4%，继续低于欧盟整体经济增长水平，如图 3-11 所示。2018 年 12 月的统计数据显示，英国服务业、工业生产和建筑业均出现显著下降。2018 年英国工业发展有以下特点。

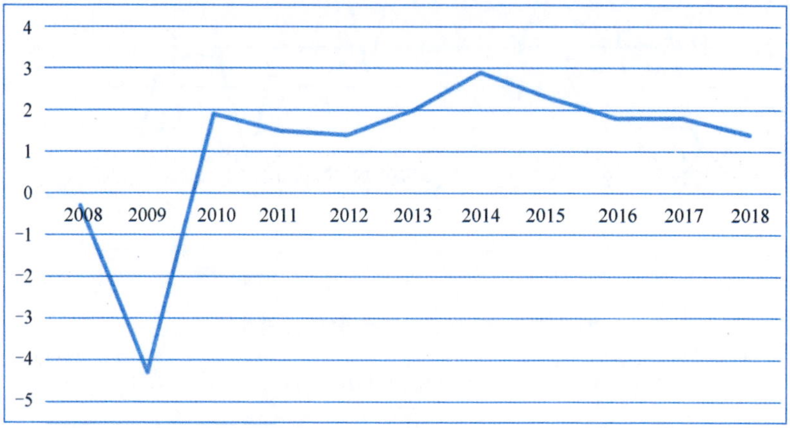

图 3-11 英国 GDP 增长率（单位：%）

（资料来源：英国统计局）

1. 工业生产整体表现不佳

2018 年，英国工业发展整体下降趋势明显，2018 年与 2017 年相比工业生产指数大幅下降，特别是下半年进入第四季度之后情况更加严重。在制造业 PMI 方面，英国整体仍处于扩张区域，全年指数平均为 53.9，所有月份均处于 50 荣枯线上方，如图 3-12 所示。2018 年 11 月制造业同比下滑 1.1%，已连续 5 个月出现下滑。

2. 脱欧继续发酵，增加了工业发展的不确定性

自 2017 年年底英国脱欧公投以来，英国的经济增长和工业发展均受到一定程度的影响，但目前英国的经济发展仍然较为稳定。英国工业联合会总干事表示英国脱欧进程应实现三大目标：一是要确保和欧盟“完全无贸易争端”；二是要与欧盟就服务业达成相关协议；三是要在规则制定方面保持话语权。

3. 在人工智能等高技术领域加大投入

2018 年，英国宣布对人工智能产业领域给予 10 亿英镑的联合投资，进一

步发挥英国在人工智能行业的竞争优势，为英国的产业技术发展做出谋划。这项投资是英国政府工业战略下，一系列定向投资协议中的一项。英国政府在2017年出台“现代工业战略”，希望推动英国经济发展，扭转工业下降态势。据预测，到2023年，人工智能将有望为英国经济带来2320亿英镑的收入。

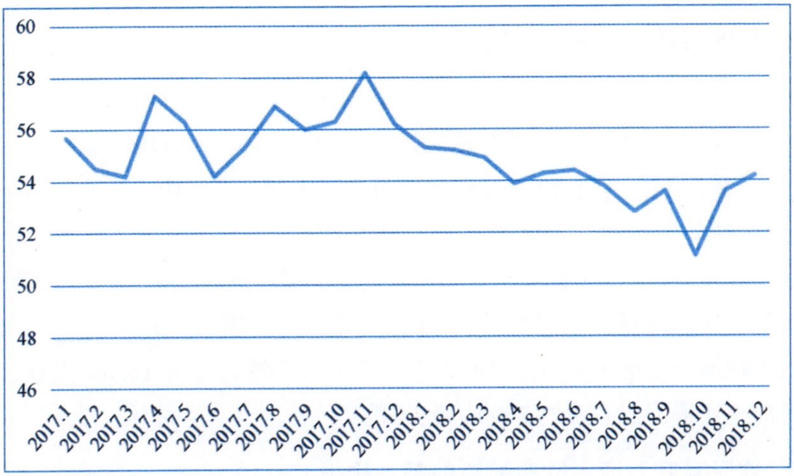

图 3-12　2017—2018 年英国制造业 PMI

（资料来源：Markit）

第二节　政策动向

一、总体政策

自 1990 年提出的开放与竞争环境下的工业政策之后，欧盟又出台了大量的工业发展政策和工业发展战略，这些工业发展政策和战略巩固了欧盟在世界工业中的领导地位。这些策略不仅为欧盟各国创造了良好的工业发展环境，极大地促进了创新、人才流动、行业标准制定等，而且帮助各成员国降低了独自建设工业体系的难度和风险，有效提升了区域整体协同发展能力。近年来，由于意识到先进制造业和数字经济的重要性，欧盟不断加强对制造业和信息产业的重视，各成员国纷纷出台了促进工业发展的政策和战略。2018 年，欧盟委员会发布了《欧亚互联互通：欧盟战略的基本构想》政策文件，为欧盟及亚太地区的发展合作提出了设想。

（一）总体战略

欧盟工业领域历年出台了多项具有战略意义的政策举措。2018年，欧盟主要在互联互通、数据流动、数据保护和共享、汽车充电网络方面提出了多项举措，为工业发展做出具体规划。

1. 欧洲启动新的人工智能计划AI4EU①

2019年1月，欧盟委员会推出名为AI4EU的项目，目的是为欧洲建立人工智能需求平台，并使其成为该领域的全球领军者。目前，AI4EU项目已经在欧盟的21个国家聚集了近80家顶级研究机构、大型企业和中小企业，集合了包括数据存储库、计算能力、工具和算法等在内的人工智能资源。AI4EU项目首先专注于开发8个行业驱动的人工智能试点，最初的8个行业试点包括机器人、工业、医疗保健、欧洲公民、媒体、物联网、网络安全和农业，“以人为本的人工智能”是这个项目的核心理念。该项目由法国公司Thales主导，在未来3年内将获得欧盟基金的2000万欧元投资。

2. 欧亚互联互通：欧盟战略的基本构想

2018年9月19日，欧盟委员会发布《欧亚互联互通：欧盟战略的基本构想》政策文件。亚太及欧亚地区广阔的经济发展潜力和互联互通市场机遇，对于仍处在经济复苏期的欧盟具有巨大吸引力。该文件突出了可持续性、全面性和基于国际规则的三大互联互通理念；提出欧亚双方在交通、数字、能源和人文交流等方面的互联互通设想；呼吁欧盟在双边、区域、国际层面与各级国际行为体构建伙伴关系；并指出要促进对互联互通的良性投资，打通互联互通项目的融资渠道。

该文件提出为有效开展互联互通，欧盟应加强现有的双边、区域和国际伙伴关系，进一步建立可持续、开放、包容和基于规则的新的双边、区域和国际伙伴关系。并且要加大和改善对可持续互联互通的投资：一是要欧盟为互联互通提供新型和创新融资服务；二是建立金融领域国际伙伴关系；三是要为企业创造公平竞争的环境。

3. 提升欧洲电子产业价值链

2018年6月，欧盟委员会发布了《提升欧洲电子产业价值链》报告，指出面对即将到来的变革和机遇，欧洲半导体业将通过不断发展壮大伙伴关系，扩

---

① 资料来源：中国信息产业网。

大电子元器件和系统技术的范围，为汽车、物流、能源、安全、医疗和保健等领域提供人工智能解决方案及其他解决方案，实现安全、自治的联网系统。该报告提出许多建议，包括推广欧洲伙伴关系的成功模式，继续向强劲的微电子制造业投资，制定战略元器件的主权计划，开辟从知识产权到产品的畅通无阻创新之路等。

4. 人工智能协调计划

为落实 2018 年 4 月公布的《欧盟人工智能战略》，欧盟发布了欧盟及其成员国的《人工智能协调计划》，以促进欧洲人工智能的研发和应用。该计划的主题为“人工智能欧洲造”（AI made in Europe）。其中欧盟委员会通过欧洲战略投资基金、“地平线 2020”计划和欧洲投资基金对人工智能领域定向投资，计划于 2020 年先期投资 1 亿欧元。成员国通过国家政策性银行资助和项目形式进行投资。此外，计划还鼓励成员国利用创新券、小额资助和贷款形式助力中小企业数字转型，包括整合人工智能在产品、生产流程和商业模式中的应用。

5. 人工智能战略

2018 年 4 月 25 日，欧盟委员会提出了人工智能战略，宣布建设人工智能需求平台。根据“地平线 2020”计划，欧盟委员会在 2018—2020 年间将把对人工智能的研究和创新投资增加到 15 亿欧元。到 2020 年年底，欧盟的公共和私人投资总额至少应达到 200 亿欧元。

（二）最新相关重大政策简析

1. 非个人数据自由流动框架条例

2018 年 10 月 4 日，欧洲议会发布了《非个人数据自由流动框架条例》。《非个人数据自由流动框架条例》对成员国的数据本地化要求进行限制，并对国家机关获取数据、数据自由迁移等问题做出了规定。它与 2016 年发布的《通用数据保护条例》组成一套连贯的规则，共同构成了欧盟数字经济的重要法律基础。

2. 通用数据保护条例

2018 年 5 月 25 日，欧盟《通用数据保护条例》正式生效，它被称为欧盟史上最严格的数据保护文件。欧盟《通用数据保护条例》首次增加“域外适用”情形，扩大了条款的适用范围；首次增设“被遗忘权”提法，强化数据主体的权利；加强监管机构执法权力，提升监管体系作用；大幅提高对违规企业的惩罚额度，形成预先威慑效应。它带给我国三点启示：在个人信息保护相关立法中应设立“域外适用”条款；在解决网络信息删除问题时应细化“被遗忘权”；在具体实践操作中应注重监管的重要作用。

3. 人工智能时代：确立以人为本的欧洲战略报告

2018 年 3 月，欧洲政治战略中心发布了《人工智能时代：确立以人为本的欧洲战略》报告。该报告介绍了全球人工智能的研发投入和发展情况，分析了欧洲人工智能发展的优势和挑战，并对人工智能发展中劳动者被替代等挑战提出了相关对策。该报告认为，欧洲人工智能战略应立足于支持、教育、执法、引导 4 个方面，不仅应为人工智能发展营造一个适宜的环境，还应运用广为认可的价值观和原则立场，构建全球监管规范和框架，以确保人工智能沿着以人为本和符合伦理的方向发展。

二、重点国别

（一）德国

2018 年，德国出台了“高科技战略 2025”，对科技研发和创新提出了目标。2006 年，德国曾经首次提出“高技术战略”，时隔 12 年，再次对这一战略进行更新，可以看出德国对于高技术领域发展的重视。2018 年，德国还宣布要建立全球最大的信息技术安全中心，地点位于德国西部的萨尔布吕肯市。近期德国工业相关政策措施如表 3-1 所示。

表 3-1　近期德国工业相关政策措施

时间	标　　题	主 要 内 容
2019.2	国家产业战略 2030	鼓励打造德国或欧洲龙头企业，加大力度保护本国重要产业免受外国收购和竞争的影响
2018.9	高科技战略 2025	旨在加大促进科研和创新，加强德国的核心竞争力，保证可持续发展到 2025 年，实现科研支出占比 GDP 3.5%的目标。主要内容包括智能诊疗、环境治理、温室气体减排、循环经济、电池制造等
2018.7	德国微电子：驱动数字经济的创新——德国联邦政府研究与创新框架计划 2016—2020	德国联邦政府将通过新的研究与创新框架计划整合并加强各项措施，以提升德国微电子行业。该框架计划旨在培育德国的微电子技术潜力，为德国工业提供创新动力，并帮助实施新的“高科技战略”和联邦政府的“数字化议程”

（资料来源：赛迪智库整理）

（二）法国

2013—2015 年，法国围绕工业振兴先后提出了“新工业法国”和“未来工业”计划，标志着法国工业战略的两个阶段。2018 年，法国在工业发展方面出台的政策不多，2018 年年末宣布对互联网巨头企业征收数字税，此前，法国曾与欧盟和经济合作与发展组织推动相关征税事宜，但进展缓慢，最终决定单独率先征收数字税。近期法国主要工业政策一览表如表 3-2 所示。

表 3-2 近期法国主要工业政策一览表

时间	标　题	主 要 内 容
2018.12	法国征税计划	法国宣布对互联网巨头谷歌、苹果等公司征收新的数字税，预计新税法的实施仅在 2019 年就将带来 5 亿欧元的收入
2017.6	支持初创企业发展举措	法国新任总统马克龙在 VIVA TECH 展览会上宣布了 3 项针对初创企业发展的措施：一是重申对法国税收制度进行改革的决心，为创业者减负；二是宣布启动新的“科技签证”，为创业者、初创企业雇员和投资人 3 类外国科创人才进入法国工作和生活提供便利的行政手续；三是与德国和意大利协作，推动设立 100 亿欧元的欧洲创业投资基金，为创新企业提供资金支持

（资料来源：赛迪智库整理）

（三）英国

从英国近期出台的政策来看，未来英国将重点支持大数据、先进制造业、机器人与自动化、卫星及航天商业化、高能效计算等多个重大前沿产业领域。近年来，英国政府日益意识到工业数字化和数字经济是未来工业发展的重要方向，自 2016 年以来，先后发布了有关数字战略方面的政策。2017 年年末—2018 年，英国政府发布了多项举措，从交通、电信、制造业等方面推动工业发展，并委托英国制造技术中心发布相关报告确保政策贯彻实施。近期英国推动工业发展的主要政策如表 3-3 所示。

表 3-3 近期英国推动工业发展的主要政策

时间	标　题	主 要 内 容
2018	2018 国家基础设施和建设渠道	在未来 3 年里，英国政府将资助 11 项基础设施项目，共投资 68 亿英镑用于实现到 2033 年全国光纤覆盖和到 2027 年全国大多数地区的 5G 普及

表 3-3 近期英国推动工业发展的主要政策（续表）

时间	标　题	主 要 内 容
2018	交通新技术发展规划	英国政府发布《移动未来》《最后一英里》等多个文件，将清洁能源车辆、自动驾驶、车联网等确定为未来交通发展的重要领域
2018	未来电信基础设施评估报告	报告概述了到2033年将光纤宽带引入全国的计划，该计划第一步将进行立法，在所有新建住宅预置光纤，以及用2亿英镑帮助覆盖农村地区
2018	英国工业2050战略	报告对2050年英国制造业的发展状况做出预测，据此分析英国制造业的机遇和挑战。报告的主要观点是科技改变生产，实现未来制造业个性化低成本产品需求，生产重新分配和制造价值链的数字化

（资料来源：赛迪智库整理）

第三节　发展趋势

一、总体趋势

（一）受全球经济影响，工业增速将进一步放缓

2018年，欧盟工业数据出现了明显的下降趋势，包括工业生产指数、产能指数、制造业PMI在内的多项指标均呈现出大幅下降，自2018下半年开始工业生产出现放缓。2019年最新的欧盟工业生产指数和PMI数据也同样表明，工业生产下滑愈加明显。欧盟委员会目前已经将2019年经济增速预测下调至1.3%，包括德国、意大利、法国等在内的主要欧洲国家均呈现出经济增长缓慢的迹象，英国脱欧进程仍在进行中，而且不确定性进一步增加，种种原因导致欧盟未来经济增长难以实现快速增长，甚至有衰退的可能。从外需来看，全球经济目前均呈现出下行的压力，因此主要以贸易拉动经济的欧盟出口很难不受到外部需求萎缩的影响。货币政策方面，欧盟结束了量化宽松政策，维持利率不变，也使得融资环境更加严峻。与此前相比，2018年欧盟各成员国出台的工业相关政策不多，欧盟整体的改革进程和协调统一推进遇到了一定的困难，导致更多的人、财、物力集中到解决欧盟内部分歧之中。2019年，如果英国能够顺利解决脱欧带来的一系列问题，做出决策，欧盟今后的经济工业向好发展会有更大的可能性。

（二）人工智能将成为欧盟重点推动的高技术领域

2018年4月，欧盟公布了《欧盟人工智能战略》，宣布要在未来建立人工智能需求平台。到2020年的4年期间，增加对人工智能的研究和创新投资到15亿欧元，最终达到公私部门投资总额达200亿欧元。2018年12月，在之前政策的基础上，欧盟再次发布《人工智能协调计划》，计划通过多种渠道以政策性资助和项目形式为成员国提供投资，鼓励成员国通过多种形式帮助中小企业实现数字转型，将人工智能技术应用于产品、生产流程和商业模式中。《人工智能协调计划》把人才培养、加大投资、提供数据等作为关键领域，并设定“设计伦理”和“设计安全”两大关键原则。2019年年初，欧盟又推出了AI4EU项目，为潜在的项目用户提供测试集成解决方案，目前，AI4EU项目已在欧盟21个国家汇集了 79 家顶级研究机构、中小企业和大型企业，以集合包括数据存储、计算能力、工具和算法等在内的人工智能资源。项目专注于工业、机器人、医疗、媒体、农业、网络安全、物联网和公民 8 个试点领域。这一系列的举措，说明欧盟已经意识到人工智能的重要性，并将其作为重点推动的新技术领域。

（三）可再生能源利用逐步成为欧盟产业发展目标

欧盟在节能环保、清洁能源利用方面一直保持领先。2018年，欧盟各国召开会议，将2030年欧盟的可再生能源使用比例提高到32%，逐步停止使用棕榈油，逐步实现温室气体排放下降 40%的目标。今后，欧盟在推动风能、水力、太阳能等可再生能源的利用上将有望进一步出台相关举措，为实现上述目标做好准备。目前，在家电、汽车等领域，欧盟已经执行较为严格的环保标准，为欧洲整体降低温室气体排放做出贡献。各国企业在可再生能源利用方面也积累了许多经验，技术和人才都有一定的储备。2018 年，德国已经出台了相关法律，禁止柴油车在特定区域行驶，未来整个欧盟都有可能会推动新能源汽车替代传统汽车，打破汽车市场的竞争格局。

二、重点国别

（一）德国

随着德国工业在 2018 年年末出现整体下降趋势，2019 年德国产业发展必将面临更为严峻的挑战。面对外部需求不振和国内汽车产业面临转型的双重压力，德国产业发展很难摆脱当前的困境实现更高增长。与此同时，德国开始重视人工智能领域的发展，在2018年召开会议讨论出台促进人工智能发展战略，将人工智能作为对此前数字战略的补充和延伸。德国政府有望安排更多资金来促进相关成果的转化，从而拉动经济发展。目前，欧盟成员国、美国等纷纷将人工智能发展作为国家重要发展战略，德国在该领域仍落后于美国，初创企业数量远远少于美国和以色列等创新实力较强的国家。因此，政府会在这一方面给予更多的支持，鼓励企业开展强强合作，减少外资对初创型高技术企业的并购，确保德国在这一领域保持领先优势。在汽车产业方面，德国将继续执行更为严格的排放标准和柴油车禁行，德国汽车企业不得不在政策的驱使下寻求新的突破，研发更受欢迎的车型，这一转型压力也和全球汽车市场低迷，汽车产业创新的呼声不谋而合，从长远来看，有利于德国汽车企业尽快适应由新技术带来的多变的市场。

（二）法国

2018年，法国国内对燃油税上涨的反对呼声强烈，工业领域也出现了一定程度的下降，对于这些困境法国仍显得一筹莫展，没有听到更多具有建设性意见的呼声。2019年，这些问题将会进一步发酵，有可能会影响法国刚刚复苏不久的产业发展，从而影响就业，进而进一步威胁经济增长。目前法国的失业率虽然正在逐渐下降，但仍然处于较高水平，如果企业进一步降低制造业投资意愿，会对就业情况造成不利影响。法国在清洁能源利用和降低温室气体排放方面表现得非常积极，但是在其他产业方面并没有更多值得关注的政策出台，整体工业竞争力正在不断下降。

（三）英国

英国脱欧公投后的一年，虽然整体经济没能实现更快发展，但基本保持了稳定增长，工业下降幅度不大。英国在电信、交通、数字经济及智能制造等领域出台举措，力图促进英国产业发展，希望能够在脱离欧盟之后，仍然保持自身的竞争力。2019年，英国与欧盟的谈判将会继续进行，脱欧之路应该会迎来结果，无论是否脱离欧洲，英国经济都仍将面临诸多挑战，产业发展也同样艰难。英国目前也将人工智能作为重点发展的高技术领域，进行10亿英镑的联合投资，希望在未来全球竞争中立于不败之地，同时也为英国带来更多收入。此外，英国在电信领域也积极投入，将5G作为国家基础设施建设的重点领域，投资 68 亿英镑实现 5G 网络的普及和全覆盖。如果英国摆脱脱欧问题的困扰，则能更加专注于自身的技术产业发展，英国工业领域就有望实现突破。

第四章

日本

日本作为世界第三大经济体，其经济实力和技术能力远超他国，科技对外依存度低于5%。在电子设备、机械制造、高端原材料、汽车工业等诸多领域，日本都在全球具有较强竞争力和影响力。近年来，随着日本日益严重的老龄化、少子化现象，日本国内劳动力人数逐年下降，间接影响日本经济发展，也影响到日本国内的制造业发展。为促进日本进出口贸易和经济发展，在2018年7月，日本与欧盟签署了一份内容广泛的自由贸易协定，此协定将减免日本与欧盟国家间的进出口税额，促进日本与欧盟国家的贸易往来，增强日本的经济地位与实力，在减少因美国造成的贸易风险的同时与逆全球化势力对抗。2018年，日本经济与制造业生产能力在自然灾害、整体市场形势的影响下有回落态势，但整体经济呈复苏态势，虽然速度有所放缓，预计2019年，工业生产仍会有波动态势。

第一节　发展概况

2018年，日本经济增长速度放缓，在第三季度结束时，日本经济环比下降0.3%，环比折年率下降1.2%，日本国内的投资需求不高，经济增长压力加大。日本的失业率维持在近年来最低，物价也在逐步回升，日本经济未来很可能保持中、低速增长走势。

2018年6月，对2059家日本大型企业进行问卷调查，2018财年，日本大企业预计在国内设备的投资额，较2017财年增加了21.6%，是自1980财年以来的最高涨幅。设备投资主要用于运输机械、车载电池、电子零部件生产等方面。2018年，日本海外直接投资额达到14.9513万亿日元，与2017年相比投资额减少约1.5万亿日元。这与日本经济增长速度放缓和产业回流有一定的关系。

2018 年日本生产率与 2017 年相比有所下降，除 3 月激增至 114.7，达到 2008 年金融危机以来最高水平外，其他月份均在 100 左右徘徊。2018 年日本发生了 4 场较大自然灾害，对生产企业造成一定的影响，自然灾害使部分电子、汽车零部件厂设备受损，交通受阻导致物流延缓，生产水平降低。

2018 年日本制造业 PMI 仍在 50 以上，但全年走势呈现下行趋势，如图 4-1 所示。2018 年 12 月制造业 PMI 为 52.6，与年初 54.8 相比下降了 2.2，虽然经济增长速度较 2017 年有所放缓，但 PMI 实现连续 28 个月保持在 50 荣枯线以上，实现了日本经济持续增长。日本从 2018 年下半年开始，制造业采购经理人指数在 52.5 之间浮动，处于较稳定水平。三点原因造成日本 2018 年制造业 PMI 走低：一是逐年上涨的运输、能源、材料成本，使每月的采购价格上涨；二是日本商业信心连续减弱；三是制造业的产量和新订单较 2017 年有所减少。目前日本 2019 年制造业的发展形势不容乐观。日本政府表示，2019 年日本经济主要将由内需来拉动。《日本制造业白皮书（2018）》中提到，人工智能、物联网、互联工业等将是日本制造业未来发展的重点。

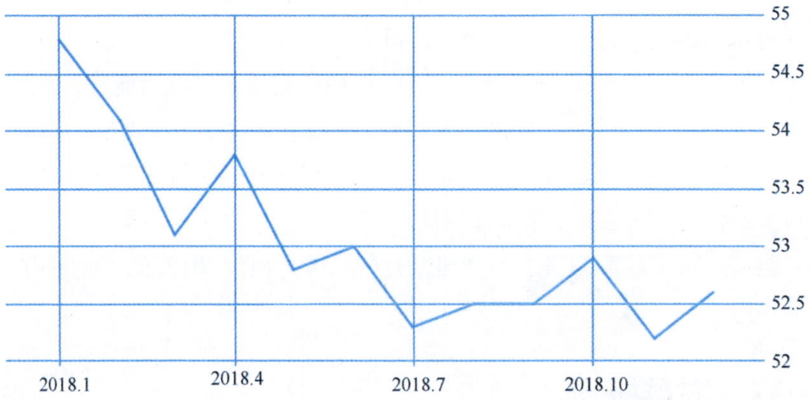

图 4-1　2018 年 1—12 月日本制造业 PMI

（资料来源：全球经济指标数据网）

一、工业生产数据波动较小

在 2018 年全年内，日本制造业 PMI 保持在 50 以上，与 2017 年相比，整体呈现缓慢下降态势。2018 年日本公布的工业生产指数数据显示，第一季度工业生产指数仍呈上升趋势，在 3 月后，整体呈现下行趋势，9 月达到谷底为 102.9。而 10 月工业生产指数回升至 105.9，为全年最高值，但从 11 月开始，工业生产指数又回落至 104.7，如图 4-2 所示。2018 年工业生产指数波动幅度与

2017 年相比较小，在第一和第四季度出现小高峰。

与 2017 年相比，2018 年工业生产增长缓慢，产量下降，出货量、库存和库存比率增加。2018 年生产下降的主要领域是生产型机械、化学品、电子零部件，但机动车、信息通信设备、通用型机械等工业的生产量上升。虽然2018 年工业生产整体涨幅不大，但根据日本《制造业生产预测调查》分析，未来日本工业产量将增加。

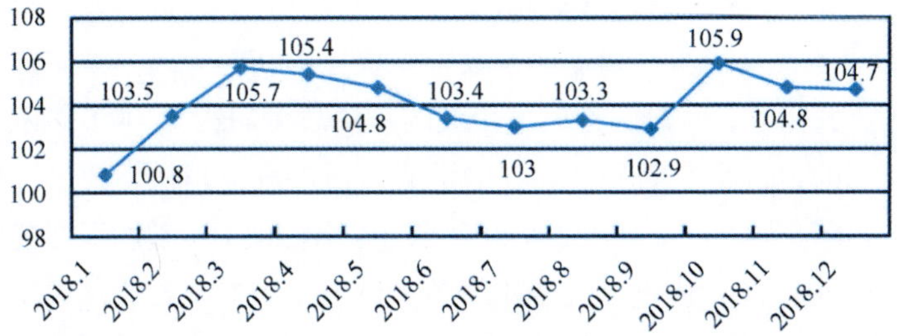

图 4-2　2018 年 1—12 月日本工业生产指数

（资料来源：日本经济产业省）

二、消费者信心水平持续下降

2018 年，日本消费者信心指数呈下降趋势，整体水平与 2017 年相比较差。2018 年日本消费者信心指数从 1 月的 44.6 逐渐下降至 42.7，是 2016 年 11 月以来最低位，这一现象由多种原因导致。2018 年日本洪涝、高温、台风、地震等自然灾害的发生，对日本旅游业、物流、食品、煤、电等生活消耗品的价格有一定的影响，在年底原油价格上涨，这对消费者信心指数中重要指标的生计前景、收入预期、生活情况、就业环境都有不同程度的影响。但日本国民的收入和物价水平是消费支出的重要动能，需通过增加薪资或降低消耗品的费用，来促进消费者支出。

三、投资支出持续上升

日本政策投资银行公布的调查结果显示，2018 财年日本大型企业在国内的设备投资额较 2017 财年增加了 21.6%，实现 7 年连续增长，也是自 1980 财年以来最高涨幅。电子零部件、运输机械、化学药品、车载电池是主要投资方向。电子零部件投资持续两年上涨，其中以汽车和智能手机的电子零部件投资为主。运输机械领域投资，主要偏向于新模式的投资，如电气自动化、新一代技术研发等方面。设备投资的偏向性体现出日本制造业的发展趋势，随着人工智能的发展，日本制造业设备投资也逐步向新技术研发、智能领域靠拢。

四、企业持续加大研发投入力度

2018 年欧盟委员会公布的最新工业研发投入排行榜显示，研发投入排名前100的企业中，日本有13家，比2017年减少一家，与德国并列第二名。排名第一的仍是美国，有 35 家，中国包括台湾地区在内有 11 家（台湾地区有 3 家）。2018 财年仍有 2500 家企业参与研究，投资总金额达 7364 亿欧元，日本上榜企业有 339 家，占比 13.6%。日本研发投资主要集中在信息通信技术与服务、汽车、健康工业、化学等领域，339 家企业的投资总金额约为 999 亿欧元。研发投入排名前三的日本企业仍是汽车制造企业，日产汽车与松下公司并列第三，3 家汽车企业的研发总投资额约为 170 亿欧元，比 2017 年增加了 2 亿欧元。研发投入金额与2017年相比无太大变化，整体排名也相对一致。汽车工业是日本的重要工业支柱，在新兴市场中，智能网联汽车、新能源汽车是未来主要的发展方向，而汽车大容量电池、机载电子设备是汽车企业重要的研究方向。目前日本汽车在世界汽车行业中占据重要地位，先进技术对于未来汽车市场占有率有重要影响，研究力度也在逐年增大。

五、时隔两年再次出现贸易逆差

2018 年日本财务省公布的最新数据显示，日本在连续两年贸易顺差后，再次出现贸易逆差现象，逆差额为 1.2 万亿日元。2018 年国际油价、天然气的价格上涨，导致日本的进口额激增，这是日本贸易逆差的主要原因。2018 年日本全年进口额为 82.69 万亿日元，同比增长 9.7%，其中液化天然气、原油、石油制品进口额的增幅为 20.8%、24.5%和 34.3%。日本财务省的报告显示，2018 年上半年（1—6 月）日本呈现贸易收支顺差 6067 亿日元，但与 2017 年的顺差同比缩小 39.3%。在 8 月时，日本的出口额为 4902.8 亿美元，进口额为 4904.3 亿美元，贸易逆差为 1.5 亿美元，下降了 101.1%。区分国家和地区来看，日本对美国仍呈现为贸易顺差，顺差额为 6.455 万亿日元，同比减少 8.1%，主要出口产品集中于汽车和建筑机械上。日本对亚洲区域也呈现为贸易顺差，顺差额为5.545 万亿日元，同比减少 5.9%。但日本政府表示在 2019 年有信心实现 1.3%的经济增速，内需是日本经济发展的主要动力。

六、失业率持续降低

经济刺激使岗位需求明显增加，日本最新公布的数据显示，2018 年日本的失业率相对 2017 年波动频繁，但整体呈现下降趋势。2018 年日本的失业率平均为 2.4%，该数值低于预期数值，也是自 1993 年 4 月以来的最低值。5 月，日本的失业率仅为 2.2%，创近年来新低，如图 4-3 所示。2018 年完全失业者人数也呈波动趋势，2018 年 5 月日本完全失业者人数约为 151 万人，是 10 年来最低数值。但 3 月与 11 月，完全失业者人数为 173 万人。1953—2018 年，日本每年平均就业人数为 5645.68 万人，2018 年 11 月，日本就业人数达到 6713 万人，就业人数同比增加了 155 万人，就业率同比增长了 1.4%。经济刺激政策激励部分企业扩大经营，提供更多就业机会。日本老龄化和少子化现象日益严重，2018 年日本仅有 92.1 万新生儿出生，已连续 3 年不足 100 万人出生。2018 年日本的死亡人数达 136.9 万人，出生人数与死亡人数差值达 44.8 万人，已连续 12 年自然减少。出生人口不足，导致劳动力人口下降，增大企业对劳动力的需求。

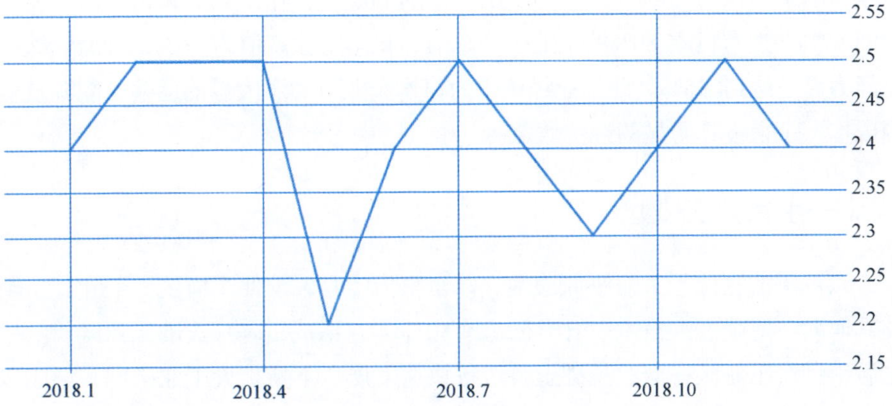

图 4-3　2018 年 1—12 月日本的失业率（单位：%）

（资料来源：全球经济指标数据网）

第二节　产业布局

日本在第二次世界大战（以下简称二战）结束后，国家产业主要经过了 4 个变革阶段：第一阶段为纺织、食品等劳动密集型产业；第二阶段为钢铁、化工等重工业劳动密集型产业；第三阶段为机械等附加值高的技术密集型产业；第四阶段为技术知识密集型产业及服务业。日本重要工业主要分布在太平洋沿岸，形成太平洋沿岸带状工业地带，其占日本工业生产总值的 80%左右。在 20 世纪 80 年代之后，日本的“技术立国”政策引导全国产业向技术知识密集型产业方向发展，其制造业相对减产，其机器人、新材料、电子信息、汽车等领域的技术在全球中占据重要地位。

一、整体情况

日本的海岸线长约 2.9 万千米，是世界上海岸线最长的国家之一，其东临太平洋，西北方与中国、朝鲜相望，得天独厚的地理、区位优势、历史工业发展原因及后期政府的支持，造就了太平洋带状工业区的工业分布情况。日本 14 个工业区中，有13个都位于沿海地区，其中除北海道、北陆和有明海沿岸工业区面向日本海外，其他10个工业区都面向太平洋方向。工业区不仅包括京滨、名古屋、阪神、濑户内海及北九州五大工业区，还有北海道、八户、常磐、鹿岛、东海、关东内陆、北陆、大分和有明海沿岸 9 个主要中小工业区。其整体交通便利，有重要港口约 100 个，临近成田、羽田、伊丹等国际机场。工业带占全国国土面积的 24%，集中了全国人口的 60%，其中工人数量占全国工人总数的 67%，拥有日本 80%的工业生产总值，化学工业产值为 90%，大型钢铁设备能力更是达到 95%。此工业经济带为日本企业节省了大量的运输、能源及资源成本，带来极其明显的经济效益。

（一）京滨工业区

京滨工业区位于关东平原腹地，以东京为中心，延伸至横滨、千叶、川崎及其他大中型城市，整体辐射半径超过50千米，形成日本最大的工业区。二战之后，京滨工业区在原有基础上，进行快速发展，不断扩大工业区域，形成以钢铁、石油化工、印刷出版为核心的综合性工业区。近年来，随着日本逐渐加深的环保意识及工业部门的结构调整，冶金、化工行业进行改造或搬迁，在工业区中的占比不断减小，而印刷出版及电表仪器行业的比例在不断加大，达到全国比例的 60%～80%。

（二）名古屋工业带

名古屋工业带位于日本中部，以爱知县、三重县、岐阜县进行延伸，东临太平洋，南、北部分别与伊势湾、三河湾及浓尾平原相连，曾是日本第三大工业区，目前超过阪神工业区，排名日本第二工业区。此区轻、重工业混合发展，化学、重工业占此区总比例的 63%。此区利用地理优势，进口大量原油、铁矿石等原材料，大力发展钢铁、机械制造业，其中运输机械制造业极其发达，形成以丰田为代表的汽车生产基地。名古屋、丰田、四日市为主要工业中心。骏河湾、滨松地区主要以造纸、人造纤维、纺织业为主。同时，此区的陶瓷、木制品等传统工业在全国也占有重要地位。

（三）阪神工业区

阪神工业区曾是日本第二大工业区，现在位居第三位。其以大阪、神户等城市为中心，向西、南方向延伸，与近畿相连接，在二战后进行填海造陆，成为近畿地区的经济核心，工业生产总值达到全国的 14%，近畿地区的 73%。此工业区主要以钢铁、纺织、化工、家用电器类电机生产、石油等工业为主。此区域不仅有发达的工业，旅游业、服务业也同样占有重要地位。

（四）濑户内海工业区

濑户内海工业区位于阪神工业区和北九州工业区之间，有着“日本地中海”“工业运河”的美称，是一个新兴工业区。以广岛、福山、德山、水岛等地为主要工业中心，该地区是典型的加工型贸易区，并无自身的原材料资源及市场，依靠便利、廉价的水路运输条件发展临海型工业。濑户内海工业区利用便利的运输资源，大力发展钢铁、机械制造、石油等基础重型工业，并将大量钢铁产品用于出口，工业发展程度及国内经济地位一度赶超北九州工业区。随着日本经济、产业结构调整，日本工业企业利用高科技、新技术降低生产成本及提高生产率，打造新型工业模式，确保工业产业长久发展。

（五）北九州工业区

北九州工业区位于九州岛北部，是日本明治时期工业革命的始发点，是拥有悠久历史的重工业区之一，福冈县是其核心部分。以钢铁、机械、化工以及窑业为主，特别是钢铁品种与质量方面在全国占有重要地位。近年来，北九州工业区整体向高附加值生产领域发展，大力发展循环经济，建立生态工业园区，在收获环境、资源、教育效益的情况下，也完成了从“七色烟城”到“星空城市”的转变。

二、产业结构进行调整

（一）传统制造业快速转型

目前日本已经完成工业化及制造业全球化布局，成为现代化工业国家，占据全球工业产业链高端地位，在智能制造、人工智能、电子仪器、新能源技术等高端制造业领域拥有全球领先技术。20 世纪 70 年代以前，日本主要以劳动、资本密集型的传统工业为主；到 90 年代，日本经济泡沫破灭及一些新兴工业化国家、发展中国家拥有和日本竞争的能力，日本为保持世界第二经济大国的地位，再一次进行工业化改革，从曾经的劳动密集型产业向拥有高附加值、尖端技术的高端制造业转变。目前，日本国内工业产业链主要以技术研发、生产高端工业产品为主，形成新兴、高端产业集群模式，产业间彼此渗透，形成相互依存的发展趋势。

同时，日本还是一个以汽车产业链为主要工业利润的国家。2018 年世界 500 强企业排名前 100 的日本企业有 9 家，其中 4 家与汽车产业有关，而汽车产业带来的利润占日本工业利润的一半左右。虽然日本的工业支柱目前变得单一化，但其在电子零部件、精密仪器、高端材料、生物制药等高端工业领域仍占有重要地位，不容小觑。

（二）以产业集群发展为目标

日本为保证工业产业持续、高端化发展，政府每 10 年都会推出产业中长期发展规划。其中会选择重点行业进行引导与扶持，鼓励企业在相关领域进行投资与发展，以便促进产业快速发展。日本还会不定期出台产业的扶持政策和相关配套支撑，便于企业向相关领域发展、投资。21 世纪，日本推出主要以新产业与区域发展政策为核心的产业集群目标。该政策旨在营造企业创新环境，提升企业创新能力，使其利用相关产业资源，发展新兴工业领域。因此，日本产业集群的有关政策涵盖了多方面的内容，包括建造企业间、跨行业间的网络环境，通过相关网络关系，增强企业间彼此的横纵向联系；及时了解、利用企业、产业、学术界、政府的相关资源，促进区域、产业创新，增加企业间的合作，形成健康发展的产业集群模式。

第三节　政策动向

一、总体政策

2018 年以来，日本经济持续增长，制造业在逐渐回暖。日本经济产业省在 6 月发布了《日本制造业白皮书（2018）》，出台了《综合创新战略》，7 月，日本与欧盟签署了《欧日经济伙伴关系协定》。从技术、贸易、教育方面推动日本制造业发展，提升其技术水平及世界话语权。近年来日本主要扶持工业发展的政策措施如表 4-1 所示。

表 4-1 近年来日本主要扶持工业发展的政策措施

时间	标　题	主 要 内 容	对制造业的重要影响
2018.7	欧日经济伙伴关系协定	该协定将相互取消大部分产品的关税。其中日本将取消94%欧盟产品的关税，包括奶酪和葡萄酒。欧盟则逐步取消99%日本产品的关税，包括汽车和电视机	促进日本工业产品出口
2018.6	综合创新战略	日本科学技术政策基本方针	加速培养人工智能领域人才，促进工业智能化发展
2018.6	日本制造业白皮书（2018）	日本制造业技术的现状和促进措施	经济产业省强调发展“互联工业”
2018.3	全面与进步跨太平洋伙伴关系协定	协定覆盖 11 国的市场准入、电子商务、服务贸易等方面的内容	刺激国家经济
2017.11	维持货币宽松政策	实现 2%的通胀目标依然遥远，中央银行认为有必要把短期利率控制在-0.1%、长期利率控制在 0%左右	通过货币政策，进一步刺激国内经济，促进制造业复苏
2017.6	日本制造白皮书（2017）	日本制造业技术的现状和促进措施	日本制造业回归
2017.3	支援优秀年轻 IT 人才，提供开发资金	针对在 IT 领域拥有独创技术的个人扩大创业支援	围绕人工智能及物联网、机器人等领域支持鼓励创业
2017.3	人工智能发展路线图	分三阶段推进利用人工智能大幅提高制造业、物流、医疗和护理行业的效率	实现人工智能的产业化
2016.4	EV・PHV 路线图	到 2020 年，使日本国内纯电动汽车和插电式混合动力车的保有量达到 100 万辆	推动纯电动汽车和插电式混合动力车的发展
2016.4	“新产业结构蓝图”中期方案	利用物联网、大数据及机器人技术在金融、医疗、教育、能源、物流和制造业等广泛领域创造出新的服务与业务	力图解决因人口下降引起的经济增长乏力等问题
2016.2	2016 年日本经济财政白皮书	从就业改善、个人消费、薪酬福利等方面分析日本经济发展	薪酬增长、劳动时间削减等改善未提高个人消费，不利于产业经济复苏

表 4-1　近年来日本主要扶持工业发展的政策措施（续表）

时间	标　题	主 要 内 容	对制造业的重要影响
2015.6	2015 年日本制造业白皮书	介绍了日本制造业的现状、问题及未来的发展方向，并提出了振兴日本制造业应采取的措施	日本制造业在积极发挥 IT 作用
2015.5	网络安全新战略	制定了新的《网络安全战略》，提出了“信息自由流通”“对使用者的开放性”等 5 项原则	对制造业应用物联网等 IT 技术，提高网络安全规则
2015.1	机器人新战略	该战略制定了 5 年计划，旨在确保日本机器人领域的世界领先地位	发展先进制造业重点领域
2014.12	新版量化宽松政策	进一步扩大正在实施的量化和质化宽松政策	为制造业复苏提供货币政策刺激
2014.11	290 亿美元经济刺激计划	刺激计划将于 2014 年 12 月 27 日定案，主要是向地方政府提供资金，将作为家庭购买燃料等其他商品的补贴费用	重振日本地方经济
2014.4	日本上调消费税	从 2014 年 4 月 1 日起将消费税税率从目前的 5%提高至 8%	影响企业投资的积极性

（资料来源：赛迪智库整理）

二、有关重大政策简析

（一）欧日经济伙伴关系协定

近年来，全球贸易环境复杂多变，逆全球化势力抬头，日本在日美同盟的基础下，为降低本国经济、贸易风险，也在寻求多方合作。2018 年 7 月，欧洲理事会主席图斯克和欧盟委员会主席容克与日本首相安倍晋三在东京签署《欧日经济伙伴关系协定》，此协定在通过立法批准后，预计 2019 年生效。根据该协定，欧盟将免除日本 99%的关税，日本免除欧盟 94%的关税。该协定覆盖全球经济总量的 1/3，关税的免除将刺激欧洲国家与日本企业的出口。产品出口将进一步促进日本 GDP 上涨与制造业发展。

（二）综合创新战略

2018 年 6 月，日本政府公布了 2018—2019 年度科学技术政策基本方针《综合创新战略》，该战略有五大重点措施：大学改革、加强政府对创新的支持、人工智能、农业发展、环境能源。2017 年日本的《科学技术创新综合战略 2017》

提出要建设超级智能社会 5.0，但人工智能、信息技术、大数据领域人才稀缺，日本计划通过该措施加强相关人才培养，强化大学相关学科。智能社会是发展趋势，该战略的公布将刺激企业智能化转型。在人工智能时代，信息技术、电子芯片、机器人等将是制造业的发展核心。

（三）日本制造业白皮书（2018）

2018 年 6 月日本公布了《日本制造业白皮书（2018）》，该白皮书重点阐述了两点内容：一是日本目前处于“非连续创新”阶段，通过数据证明其生产力困境的严重性；二是提出日本实现“社会 5.0”的社会目标，“互联工业”是重要途径。日本制造业目前处于“非连续创新”时期，也是处于“第四次工业革命”时期。日本制造业相对欧美国家净资产收益率较低，仅有 8.5%，欧洲为 13.4%，美国为 18.1%。日本自动化产品竞争激烈，附加值低，政府希望通过制造业自动化与数字化融合提高附加值。目前劳动力短缺也是妨碍日本制造业发展的一大重要因素，数字工具是节省人力、实现自动化的重要方式。日本经济产业省在《日本制造业白皮书（2018）》中重点提出互联工业的概念，表明这是提升制造业价值的重要方式。互联工业可以深挖客户价值，扩大服务范围，提升附加值。物联网、人工智能、大数据是互联工业的保障基础，也是日本制造业未来的发展重点。

第四节　发展趋势

一、工业生产呈现波动态势

2018 年，日本制造业生产基本呈现增长态势，但存在较大波动。2018 年日本自然灾害对制造业生产有一定的影响，部分地区的生产设备在灾害中受到损害，而道路受损影响交通运输，原材料供给不足等多方因素直接影响制造业生产情况。2018 年受国际液化天然气、原油价格下降因素的影响，日本在连续两年贸易顺差后再次出现贸易逆差情况。但在部分国家和地区，日本仍处于贸易顺差地位。

二、经济影响日本工业发展

2018 年日本经济仍处于复苏阶段，与 2017 年相比增长速度放缓。第一季度日本经济在连续上涨 8 个季度后首次出现回落，消费和投资疲软是主要原因。日本的失业率在 2018 年平均值为 2.4%，是自 1993 年 4 月以来的最低值，但物价水平也有所下挫，日本消费者信心指数从1月的44.6逐渐下降至42.7，这对日本通过内需拉动经济产生影响。若日本国内和外界对本国商品的需求可以保持稳定，则日本工业产出也将保持稳定。

三、企业对外投资意愿仍然强烈

《2018世界投资报告》显示，日本2017年对外投资总额达到1600亿美元，位居世界第二。在全球经济回暖的大背景下，日本经济保持增长，企业对外投资意愿增强。日本通信业、金融业、内需性企业是对外直接投资的重要组成部分，主力企业与中小型企业积极收、并购海外企业，扩大市场占有率。日本汽车、化工等先进技术企业都在积极拓展海外市场，占据全球市场份额，建立世界工厂，将保持对外投资力度。

四、日本制药工业有较好的发展前景

日本是全球第三大药品市场，制药工业基础雄厚。多年来日本都是仿制药使用率最低的国家，这一政策促使日本创新型药企快速发展，成为世界第二大创新药市场。受老龄化影响，日本国内由高龄化人口带动药品消费，但较高的药费支出，促使日本内阁将放宽仿制药使用放入改革纲领。日本部分药企抓住发展机遇，在短时间内发展为世界50强药企，实现全球化。武田制药、第一三共株式会社、大冢制药、安斯泰来制药等药企都是全球药品销售前30名的企业，日本近年来加大药品研发投入，上市新药数量仅次于美国。日本靶点开发也走在世界最前沿，如胰岛素受体单抗、Factor VIII取代物（获批产品Hemlibra）等药物，这有助于推进日本在世界药品市场的占有率及日本药品工业的发展。

第五章

金砖国家

金砖国家自成立以来，就在经济治理改革、贸易活动机制、政治问题等多方面不断深化交流与合作。近几年，受全球经济持续低迷的影响，金砖国家的经济增速全面下滑，但自 2017 年开始呈现出经济向好的趋势。2018 年金砖国家继续延续 2017 年的增长态势，平均经济增速为 5.4%，其中印度继续保持中高速增长，经济增速达 5.3%，其他四国实现温和增长，预计 2019 年，经济增速整体缓慢，均面临经济结构的转型问题。

第一节　发展概况

近 10 年来，金砖五国的经济增量为 179%，为助力全球经济走出低迷做出突出贡献。国际货币基金组织的报告指出，2008—2018 年，金砖国家对世界经济增长的贡献率超过 50%，贸易总额的比例从 11%上升至 16%，对外投资的比例由 7%上升至 12%，金砖国家在国际上的地位及话语权日益突显。整体来看，印度及中国在金砖国家中贡献的经济增量最多，金砖国家成为世界经济增长的主要贡献者。

一、总体概况

（一）失业率差距悬殊

目前，金砖国家的失业率差距悬殊，南非最高，印度最低，相差近 24%。其中，2018 年南非的失业率高达 27.33%，远远超过国际标准水平，势必会对经济增长造成严重挫伤，而印度的失业率仅为 3.523%。从经济增长率的角度来看，印度在金砖国家中的经济增长率最高，其失业率较低。相对而言，近些年来南非的经济增长率较低，失业率较高，尽管政府近些年来通过加强基础设施建设、发展海洋经济等措施刺激经济增长，拉动就业，使得2018年的失业率相对2017年小幅下降，但印度高于全球水平的失业率仍应引起政府的高度重视。而中国、俄罗斯的失业率保持稳定状态，分别为4.6%、5.2%，巴西相对较高，从 2017 年的 12.04%上升至 2018 年的 13.32%。

（二）全球价值链地位有待提高

目前，发达国家仍然占据全球价值链的主导地位，负责高端制造业的核心环节，而金砖国家仍处于中低端地位，大多负责低价值的生产和组装。目前，中国和印度主要参与低端制造业的研究与开发，而巴西、俄罗斯、南非主要对外出口初级农产品和资源产品，因此容易受到国际大宗商品价格波动的影响。

二、重点国别

（一）巴西

巴西是拉美面积最大、人口最多、经济实力最强的国家，人均 GDP 为 9130 美元，为世界第八大经济体。巴西具备丰富的自然资源及完备的工业体系。自然资源充足，铁矿和煤矿储量大、质地优良，在进出口方面表现良好。工业类别齐全，包括钢铁、汽车、能源开采等产业。工业分布集中，主要分布在矿产资源丰富的中南部地区。现代工业整体薄弱但发展迅速，其中在钢铁、造船、飞机制造等领域已位于世界前列。

1. 经济形势整体回暖

受“消费经济”解体的影响，巴西近些年来一直遭受着巨大的经济危机，但伴随经济体制改革等因素的影响，近两年来巴西经济呈现上行趋势。从巴西地理统计局发布的数据来看，巴西 2015—2016 年的经济持续负增长，2017 年开始重回增长轨道，经济增长突破 1%，2018 年出现明显好转，其中第三季度的 GDP 同比增长 1.3%（约合 4458 亿美元），创年度最佳。世界银行表示，若巴西的财政改革能够及时落到实处，预计 2019 年巴西经济增长将达 2.2%，但受政治危机、财政问题等因素的困扰，巴西经济在未来几年仍面临着多种挑战。

2. 就业水平恢复缓慢

随着巴西经济呈现向好的趋势，巴西的就业形势也在一定程度上得到了缓解，但仍缺乏显著改善。从巴西地理统计局发布的数据来看，截至 2018 年年底，巴西的失业率已连续 7 个季度维持环比下降的状态，其中 2018 年第三季度的失业率为 11.7%，环比下降 0.2%，失业人口为 1250 万人，相比 2017 年同期下降 3.1%。对于就业水平呈现出的积极信号，巴西地理统计局的专家认为此轮失业率的较大幅度下降与2018年下半年举行的总统大选有密切关联，大选为小企业及服务业提供了不少就业岗位。据巴西小企业协助机构的统计数据，巴西小企业 2018 年新增就业岗位 55 万个，占巴西正式签约岗位的 65%，创近 3 年最高纪录，而其他岗位并无大幅度增加迹象。因此，总体来看，在经济复苏面临挑战、正式工作岗位增加不明显的情况下，巴西的就业水平仍恢复缓慢。

3. 贸易顺差趋于稳定

商务部的数据显示，巴西 2018 年的贸易顺差额为 586.59 亿美元，相比往年呈现稳定态势。巴西 2018 年进出口商品总额超过 4211 亿美元，同比增长 14.3%。其中，出口总额和进口总额分别为 2398.89 亿美元和 1812.31 亿美元，分别较 2017 年同比增长 10.25%及 20.2%。尽管与 2017 年所创造的贸易顺差历史最高纪录 670 亿美元相比，2018 年的巴西贸易顺差有略微 12%的下降，但依旧是自 1989 年以来的巴西第二高水平，而中国、阿根廷、美国仍然是巴西的三大贸易伙伴。因此，整体来看 2018 年巴西的贸易水平维持稳定的趋势。

4. 工业增长乏力

伴随整体回暖的经济形势，巴西制造业自 2017 年停止负增长，但 2018 年仍延续着缺乏动力、增长缓慢的趋势。据巴西地理统计局发布的最新数据，2018 年 11 月巴西工业产值环比增长 1%，创 4 年来当月新低。尽管表现不佳，但 11 月的工业增长仍是巴西持续 4 个月下跌后的首次回升。

从巴西工业的细分领域来看，2018 年 11 月披露数据的行业共计 26 个，有 10 个行业实现了工业增长。其中，医药及化工品环比增长最为突出，为 7.1%，消费制造品环比增长 5.9%，石油、天然气等能源类产品环比增长 0.5%。2018 年 11 月巴西工业产值与 2017 年同期相比下降 0.9%。下降产品中，食品、机械、塑料制品的同比跌幅分别为 9.7%、4.6%、1.9%。增长产品中，纸制品、金属制品、汽车制造的同比增幅分别为 4.2%、3.1%、2.3%。

专家表示，受经济复苏缓慢、就业问题显著等因素的影响，巴西工业增长乏力，预计巴西 2018 年工业总产值增幅为 1.91%。

（二）印度

印度是南亚次大陆面积最大、人口最多的国家，也是世界上发展最快的新兴国家之一，2018年其GDP达2.69万亿美元，为世界第七大经济体。印度具备丰富的自然资源及多元化的经济产业。矿产资源充足，其中铝土储量及煤产量均位于世界前五名。产业结构多元化，涵盖农业、纺织业、服务业等多个领域，其中农业生产力强，位居世界前列，而服务业在近几年发展迅速，使得印度成为金融、软件等服务业的重要出口国。但经济结构存在不合理性，特别是制造业所占比例太少，以及政策因素等引发印度经济增长不稳定。

1. 经济增速放缓

印度经济在2016年之前一直保持着高速增长的趋势，但在全球经济放缓的背景下，印度近两年一直面临经济下行的压力。印度的官方数据显示，2018年印度第四季度的经济增长率为7.1%，环比下降1.1%，创季度历史新低。印度统计局预计2018年度印度经济的增长率为7.2%，相比2017年的7.6%，同比下降0.4%。

据有关专家分析，油价、贸易、汇率等因素的不稳定性是造成印度经济呈现下行趋势的主要原因。在汇率方面，受美联储加息的影响，以印度为代表的新兴国家面临经济崩盘的危机，有关机构的调查显示，印度卢比在未来半年内将继续贬值，预计跌至1美元兑75卢比；在对外贸易方面，经常账户赤字的扩大及美联储加息等使得全球融资环境日益紧张，进一步加大了印度经济下行的压力；在油价方面，印度是世界主要的原油需求国之一，因此原油价格的涨跌影响其经济运行状态，2018年特朗普实行的“禁油令”使得原油价格上涨，从而导致印度经济增长放缓。

2. 制造业发展缺乏突破

自20世纪90年代开始，印度就一直着力发展服务业，近几年服务业对印度GDP的贡献率远远超过50%，而制造业占GDP的比例增长缓慢，仍维持在15%～17%的低位水平。

印度制造业的发展面临众多瓶颈。印度基础设施落后，工业用水短缺、电力产能低、道路长久失修等生产运输问题导致印度产品成本高，缺乏竞争优势；教育两极分化，尽管人口优势明显，但工人劳动力素质不高、技术水平有限，制约了生产规模的扩大；官僚体制固化，2019年1月印度政府最新提出的公共部门企业私有化、修改《工会法》等一系列“反劳工”措施，遭到大量工人反对，从而引发了2亿人的大规模罢工运动。除此之外，2018年受国际贸易战的影响，美资企业跨国建厂意愿下降，使印度制造业在美投资面临本土建厂环境的竞争。

3. 汽车产销量再创新高

近年来，印度汽车市场发展迅速，2018年仍然延续2017年的强劲势头，产销量再创新高。2018年印度汽车的销量达439.9万辆，仅次于中国、美国和日本。从具体销量来看，2018年印度乘用车的销量为339.4万辆，比2017年增长了2.32%；商用车的销量首次突破100万辆大关，达到100.5万辆。据麦肯锡预测，到2021年，印度汽车销量年增长率将超过7%，超过日本成为全球第三大汽车市场。但印度同时存在高档车市场份额占比少的问题，仍有较大发展空间。

（三）俄罗斯

俄罗斯位于欧亚大陆北部，地跨欧、亚两大洲，是世界上国土面积最大的国家。在“一超多强”（“一超”是指美国，“多强”是指中国、俄罗斯、欧盟、日本）的国际体系中，俄罗斯是具备较大影响力的强国，特别在军工方面实力雄厚，在航空、高等教育等方面位居世界前列。目前俄罗斯具备丰富的自然资源及发达的工业体系。自然资源充足，矿产和能源资源储量位居世界第一，同时是最大的石油和天然气输出国。工业发达，门类齐全，以机械、化工、能源开采为主，重工业基础雄厚，轻工业发展迅速，工业结构呈多元化发展趋势。

1. 经济持续恢复

受国际金融危机等因素的影响，俄罗斯经济曾陷入严重衰退的困境，但近些年来，俄罗斯经济呈现出一定程度的回暖。在经历了从2013年开始的4年衰退期之后，俄罗斯经济在2017年走出困境，当年增长了1.5%，有关机构预计，2018年俄罗斯经济增长约1.6%，其GDP在1.6万亿美元左右。国际货币基金组织预测称，2019年俄罗斯经济增长将达1.8%，超过德国成为世界第五大经济体。

据有关专家分析，此次俄罗斯经济恢复增长主要归功于对外贸易的大幅回暖，除此之外，油价上涨、金融市场的整顿、数字经济的推动等也都发挥了重要作用。预测认为，在2018—2020年的低速增长阶段后，俄罗斯经济有望再进一步，实现中速增长。

2. 工业产值稳步提升

在经济恢复增长的背景下，2018 年俄罗斯工业产值延续 2017 全面回暖的态势，实现稳步提升。据俄罗斯联邦国家统计局的数据，2018 年俄罗斯工业产值较 2017 年同比增长了 2.9%，2017 年的增长率为 2.1%。其中，2018 年采矿业增长了 4.2%，制造业增长了 2.6%，电力、燃气和蒸汽供应增长了 1.6%，供水和排污领域增长了 2%。

尽管 2018 年俄罗斯工业增长稳定，但有关专家分析称，面对轻重工业失衡、政府政策尚未落实、美国等发达国家的经济制裁等内外因素，俄罗斯未来的工业发展仍然面临诸多不确定性。

3. 贸易顺差再创新高

俄罗斯海关的统计数据显示，2018 年 1—11 月，俄罗斯对外贸易顺差达 1914 亿美元，较 2017 年同比增长 65.2%，预计 2018 年全年顺差将突破 2011 年 1980 亿美元的历史纪录，再创新高。

2018 年 1—11 月，俄罗斯对外贸易进出口总额达 6290 亿美元，比 2017 年增长了 19.3%。其中，出口总额为 4102 亿美元，比 2017 年增长了 27.7%，而能源产品及农产品对出口的贡献最大。2018 年俄罗斯的煤炭产量达 4.31 亿吨，出口量达 1.91 亿吨，超越了 2013 年的历史纪录；2018 年俄罗斯的农产品出口额达到 250 亿美元，比 2017 年增长了 20%。

（四）南非

南非是非洲第二大经济体，人均生活水平在非洲名列前茅，经济相比其他非洲国家相对稳定。金融、法律体系完善，通信、交通、能源等基础设施完备。在国际事务中南非已被确定为一个中等强国，并保持显著的地区影响力。南非的自然资源丰富，黄金、钻石生产量均占世界首位，矿产是经济的主要来源。南非的工业体系是非洲最完善的，深井采矿技术位居世界前列。制造业、建筑业、能源业和矿业是南非工业四大部门。但国民经济各部门、地区发展不平衡，城乡二元经济特征明显。

1. 经济走势跌宕

2018 年上半年南非经济同比实际增速只有 0.6%。其中，第一季度南非经济同比增速为 0.8%（环比下降 2.6%），第二季度同比增速为 0.4%（环比下降 0.7%）。第三季度有回暖趋势，同比增速为 1.1%（环比增长 2.2%），接近第二季度增速的

3 倍，第四季度将继续上升的趋势，预计 2018 年南非经济同比增速为 1%。

上半年 GDP 环比负增长的主要原因是干旱。受到西开普省持续干旱、姆普马兰加省多场雹灾的影响，庄稼减产严重，从而导致农业受损，对经济增长率的贡献为-0.8%。此外，运输、仓储和通信业下降 4.9%也是负增长的原因之一。

第三季度开始回暖的主要原因是南非政府推出了多个经济刺激计划。例如：涉及农业、旅游业、制造业、医疗等多个领域的规模达 500 亿兰特的激励计划；设立南非基础设施基金，并宣传在未来 3 年对这一基金至少注资 4000 亿兰特；除此之外，政府还有刺激投资和消费的计划。

2. 失业问题突出

南非失业问题突出。2017 年第一至第三季度失业率均保持 27.7%，为 2004 年以来的最高值，第四季度失业率略降至 26.7%。2018 年第一季度南非失业人口较 2017 年年底增加 10 万人，失业率仍维持在 26.7%。2018 年第二、三、四季度失业率分别为 27.2%、27.5%、27.1%。

有关机构的专家指出，南非的失业率之所以会持续恶化，是因为过去这几个月当中南非众多主要产业先后裁员，裁员的情况又以农业与矿业最为严重，这是造成南非失业率进一步恶化的罪魁祸首。如果失业率统计纳入已放弃求职的人口，南非的失业率其实高达 37.2%。一旦失业率恶化，接下来也将衍生出包括治安混乱等社会问题。

3. 汽车行业发展迅猛

汽车行业已经跃升至南非最大的制造业，规模是 20 年前的 8 倍。如今，南非汽车行业向非洲的大多数国家和世界许多国家出口汽车和零部件，包括德国、日本和英国等一些最苛刻的市场。

南非汽车工厂总产量达到每年 90 万辆，规模领先于波兰和罗马尼亚。事实上，南非汽车厂已经完全融合到全球汽车计划中，而跻身欧洲供应链网络则大大增强了南非汽车在行业中的重要性。

第二节　产业布局

一、总体概况

金砖国家都具备丰富的自然资源，大多临海，具有良好的工业发展条件。

在原材料方面，巴西和俄罗斯的石油储量及金属矿藏位于世界前列，中国的水资源及能源、矿产资源丰富，而印度及南非的矿产资源如铝、煤丰富；在分布地区方面，印度、俄罗斯和南非的工业园区均靠近原材料产地，中国的工业区大都分布在工业基础雄厚的省市，而印度的工业区选址则靠近人口稠密的东部沿海区；在主导产业方面，巴西和印度曾以服务业为主，近两年为改变单一的经济结构，开始越来越重视重工业的发展，中国从工业经济向服务经济过渡，而南非和俄罗斯的工业体系较完善，走多元化发展趋势。

二、重点国别

（一）巴西

巴西的优势产业集中在农牧业、服务业、能源业等领域。20 世纪 60 年代以前，巴西工业以轻工业为主导产业，自二战之后，巴西政府主要根据各个行业的产值及经济发展的变化来确定主导产业，因此重工业的发展逐步占据重要地位。目前，为改变单一的经济结构，巴西不断推动工业现代化的步伐，加快构建多元化的工业体系，并在钢铁、汽车、机械等领域占据国际领先地位。巴西的工业主要分布在人口密集的东南沿海地区，此地所具有的历史悠久、矿产资源丰富、交通便利及工业基础雄厚等优势为现代工业的发展提供了良好的条件。其中，巴西的重工业主要分布在里约热内卢及圣保罗，而米塔斯基纳斯州则凭借丰富的水资源及矿产资源助力工业和农业的发展。

（二）印度

印度的重点产业包括服务业、传统轻工业等。自 20 世纪 90 年代实行经济改革以来，印度第三产业的比例逐年上升，第一产业的比例持续下降，第二产业的比例增长缓慢，特别是重化工业和机械制造业发展迟缓。目前，为升级产业结构，印度不得不重视推进工业的发展。印度的工业主要分布在以加尔各答、孟买、阿默达巴德、班加罗尔、那格浦尔为中心形成的工业地带。其中，加尔各答以麻纺和机械为主，工业产值仅占全国的 1/10；孟买以棉纺织业为主导产业，同时兼顾发展机械、化工等产业，形成综合性的产业基地，工业产值占全国的 1/6；阿默达巴德凭借靠近原材料地的优势，大力发展棉纺织业及油脂工业；班加罗尔以新兴产业为主，在航空、电力等领域发展迅速，规模逼近加尔各答区；那格浦尔区靠近全国最大的钢铁、煤炭产地，因此化工、电力、重型机械等重工业地位突出，是印度最大的重工业生产基地。除此之外，受到国内需求及人工红利的驱动，印度还于2016年启动建立了从德里到孟买的“新兴工业廊区”（Delhi Mumbai Industrial Corridor，DMIC），该工业廊区全线长1500 千米，是目前全球最长的工业走廊，将沿线打造 24 个智慧产业园区，该工业区的建成将扩大印度制造业比重、促进产业机构优化转型。

（三）俄罗斯

俄罗斯的自然资源及矿产资源非常丰富，因此俄罗斯的工业区分布基本接近内陆的原材料产地，布局较为分散。目前，俄罗斯的工业区主要分布在圣彼得堡区、莫斯科区、乌拉尔区、新西伯利亚区。其中，圣彼得堡区的轻、重工业均较发达，造船、石油化工、航空航天、食品、纺织等位于全国前列；莫斯科区作为最发达的综合性工业区，以飞机、汽车、轮船、电子等工业为主；乌拉尔区重点发展重工业，以钢铁、机械为主；新西伯利亚区作为新的工业区，主要发展重工业及军事工业。

（四）南非

南非是世界上矿物资源，尤其是战略性矿产资源最丰富的国家之一，其矿种之多、储量之大、分布之集中、开发条件之优越乃世界罕见。南非的主要矿物有60多种，其中黄金、钻石、铂族金属、钒、铝硅酸盐、铬矿石、锰矿石的储量和出口量均居世界首位。南非的主要矿业出产地集中于靠北方的内陆地区，如北开普省等，所以南非的工业区基本依托原材料产地建立。约翰内斯堡为南非第一大城市，是著名的“黄金之城”，它和豪登省的其他地区一起构成了黄金的主要产区。钻石矿主要分布在开普山脉以北。铂族金属、铬、锰、钒、镍主要产于德兰士瓦省，最大的产煤地区是威特班克，重要的铁矿床位于开普省的锡兴。

第三节　政策动向

一、总体政策

金砖国家领导人于 2018 年 7 月举行了第十次会晤。会议通过了《约翰内斯堡宣言》，该宣言涉及金砖国家在企业合作、就业、文化等多方面的合作计划，标志着五国多方位的合作关系不断深入。

在企业合作方面，提出各方将进一步加强电子商务、标准和技术规则、中小企业等合作，建立科技园及技术企业孵化器等支持中小企业的发展。

在就业方面，提出《金砖国家技能脱贫减贫行动计划》，促进职业培训、终身学习，为社会培养出更多高素质人才，推动社会充分就业。

在文化交流方面，提出开展美术馆、博物馆等跨国巡展活动，建立学术论坛、智库理事会等，加强各国在体育、旅游、文化等各个领域的合作。

二、重点国别

（一）巴西

伴随着经济复苏，巴西政府出台了一系列各个领域的政策，力图抓住发展机遇，重振经济。

在财政方面，巴西政府于 2017 年 8 月宣布调整财政目标，将 2018 年及 2019 年的财政赤字目标分别由赤字 1290 亿雷亚尔、650 亿雷亚尔上调至 1590 亿雷亚尔及 1390 亿雷亚尔。同时，政府还宣布了一系列削减支出、弥补财政缺口的措施，如减少公务员岗位数量、提高公务员养老金缴纳比例、提高燃油税等。

在汽车行业，巴西政府于 2018 年 11 月签署通过了名为“Rota 2030”的汽车新政，规定汽车生产商在遵循正规操作的前提下，若能将能源效率提高至 11%，就可以获得 2%的工业产品税的优惠。此次新政的目标在于激励生产者开发新技术，提高燃料安全性及改善能源利用率，这标志着巴西在新科技的发展道路上又迈出了一大步。

在能源利用方面，巴西政府宣布于 2019 年 3 月实施新的生物柴油掺混政策，规定全国的卡车司机在加油站使用掺混 11%生物燃料的柴油，并每年增加 1%，直至增加至 15%为止。此举旨在通过消耗国内柴油量刺激工厂提高生产效率、创新生产方式，从而带动相关产业的发展，提高国际竞争力。

（二）印度

自 2014 年印度总理莫迪提出“印度制造”（Make in India）倡议以来，围绕该项倡议，印度政府陆续出台了一系列相关政策，而这两年出台的政策主要集中在以下几条。

2017 年 9 月，印度政府提出国家级的电动和混动等新能源车辆产业促进计划，目标是在 2030 年实现全部新出产车辆自动化，届时限制传统能源汽车销售的各项法规将正式生效。

2018 年 1 月，印度内阁批准了一批印度的 FDI 政策重大修订，该修订将进一步放宽外国对印度的直接投资，尤其一些关键领域，如航空、制药、能源交易等。

2018 年 2 月，印度财政部公布了 2018 年中央财政预算案，对进口关税进行调整，以上调进口关税税率为主，除对用于制造太阳能电池的太阳能钢化玻璃免征进口关税之外，其余大部分商品的税率均大幅上涨。植物产品的进口关税税率从 12.5%提高到 30%，劳动密集型产品的进口关税税率从 10%上调至 20%，手机及其零部件、汽车及其零部件的进口关税税率从 7.5%上调至 15%。

（三）俄罗斯

近两年，俄罗斯出台了一系列政策，旨在改善产业结构，振兴国家经济。

在金融管理领域，俄罗斯财政部于 2018 年 1 月出台了《数字资产联邦监管法》（草案），规定了数字金融资产的创建、发行、存储及流通过程中产生的关系，以及智能合约下各方权利需要履行的义务。此外，该草案还对加密货币、数字代币和挖矿进行了明确定义，同时合法化了挖矿行为。

在科技创新领域，俄罗斯总统普京于 2018 年 3 月在国情咨文中提出“科技是实现未来 6 年施政目标的重要手段”。近段时间，俄罗斯政府出台了一系列强化科技管理的计划：一是明确到 2024 年要使俄罗斯进入世界前五大科研领先国家行列；二是设立新的科技管理部门——科学与高等教育部；三是将出台新一期的“国家科技发展计划（2018—2025）”，力争实现创新链一体化部署。

在航空航天领域，俄罗斯航天国家集团科技委员会主席尤里·科普捷夫于 2018 年 11 月表示，俄罗斯正针对月球开发制订新的国家航天计划，新计划主要针对重型运载火箭的建造，预计于2028年前完成火箭建造。该项计划对俄罗斯的工业结构及航天发射场的基础设施提出了新的要求。

（四）南非

近期，南非出台了一系列政策，旨在振兴国家经济，促进社会公平。

在轻工业方面，南非政府于 2018 年 5 月发布了《南非产业政策行动计划》，提出了提高南非皮革、皮革制品和鞋类测试、区域棉织品开发能力，推进出口集群发展规划、零售驱动集成供应链计划等。南非政府通过实施“2030 南非零售计划”，以及服装、纺织品、皮革和鞋类价值链总体规划，预计将鞋类出口由每年 440 万双增加至 1500 万双。

在汽车行业方面，南非政府于 2018/2019 财政年度完成制定 2020 年汽车总体规划，规划提出通过黑人供应商发展计划、汽车供应链竞争力提升计划、供应商升级项目及支持多重需求的合作本地化项目等助推汽车行业的发展。

在基础设施建设方面，南非政府于2018年9月公布了经济刺激计划，宣布将设立南非基础设施基金，并在未来3年对这一基金至少注资4000亿兰特（约合279亿美元）。此举旨在于更广范围内创造更多就业，并从根本上改变基础设施建设项目的立项、建设和运营方法。

第四节　发展趋势

一、总体趋势

（一）数字经济发展潜力巨大

伴随互联网基础设施的完善及智能手机的普及应用，金砖国家的电子商务实现了飞速发展。目前，金砖国家的网民数超过了15亿，占全球网民的41.9%。其中，网购用户超过8.4亿，网络零售交易额超过11851亿美元。预计2022年网络用户将超过13.5亿人，网络零售总额将增加至30061亿美元，占全球网络零售额的41%。

数字经济作为世界经济发展的重要驱动力，具备良好的发展前景。目前正值移动互联网向价值互联网转变的机遇期，数字经济作为互联网的核心，可以与金融科技相配合实现技术的革新。除此之外，2018年7月，金砖国家还在工商论坛上通过了“新工业革命”的倡议，提出加快经济转型升级，建立新产业、新业态、新模式，为数字经济的发展提供了良好的发展平台。

（二）产业结构面临转型

近年来，金砖国家的经济增速整体缓慢，均面临经济结构的转型问题。其中，巴西国内经济结构较为单一，需以工业化推动产业优化升级；印度贫富差距悬殊，需要进一步推动城市化进程、提高工业化水平；俄罗斯对能源资源的依赖程度过大，资源面临枯竭，需要寻找合适的非能源资源完成资源替代，降低对油、气资源出口的过度依赖；中国目前正在推进供给侧改革，需要在拉动需求的同时进行供给侧结构性改革；而南非存在严重的就业问题，其中2018年第四季度失业率攀升至约27.8%，这就要求政府建立完善的经济体制，推动社会充分就业。

二、重点国别

（一）巴西

1. 经济复苏前景可期

虽然巴西经受国内政局变动、美联储加息等国内、外因素的冲击，但短期波动不会影响巴西经济复苏的长期趋势。主要原因有以下几点：在金融方面，巴西中央银行将基准利率固定在6.5%左右的低位水平，此举不仅有助于拉动内需，也推动了巴西加快建设基础设施，扩大出口；在政策实施方面，巴西政府通过企业私有化、扩大特许经营权等方式不断推动企业的体制改革及产品创新，从而提高巴西企业的国际竞争力；在对外贸易方面，巴西的经济开放程度高，贸易顺差维持着稳步增长的态势，相比于其他拉美国家更具竞争优势，也更容易从金融危机中恢复。

2. 工业发展面临挑战

结合 2018 年巴西工业的发展态势，预计巴西未来的工业发展前景仍然存在不确定性。主要原因有以下两点：巴西制造业面临危机已久，且在世界制造业中所占的市场份额逐年下降，截至 2018 年年底，巴西制造业仅占世界制造业总额的 2%；除此之外，由于巴西的产业结构调整缓慢，其在高科技领域的低水平使得巴西制造业缺乏优势，相比于别的发展中经济体日益上升的高科技制造生产值，巴西在高科技领域的产值比例 20 年间一直维持着 34%的低位水平，缺乏国际竞争力。因此，巴西的工业现代化之路仍然步履维艰。

（二）印度

1. 制造业大发展有待时日

印度本身就具备劳动力充足、消费需求旺盛的优势，在政府的一系列新政的推动下，过去两年印度制造业的增长率上升，就业岗位增加，吸收外资的能力相比之前也明显增强，使得印度制造业整体发展前景广阔。但全球经济的供求严重失衡、美国等发达国家的“再工业化计划”等国际因素在一定程度上阻碍了印度制造业的国际扩张，而印度制造业本身所存在的基础设施落后、政治体制僵化等问题也拖慢了“印度制造”的推进速度。因此，长期来看，印度政府只有抓住内外利好的机遇，充分利用印度制造业发展的优势并提高政府办事效率，形成统一连贯的改革方案，才能为印度制造业的持续发展注入充足的动能。

2. 大数据产业发展势头强劲

近年来，依托雄厚的IT产业基础，以及完备的服务体系，印度的大数据产业呈现出强劲的发展势头。据印度技术创业培训公司 Simplilearn 的最新报告估算，印度大数据 2018 年为 IT 行业提供了 10.92 万个就业机会，同比增长 40%，这一迅猛发展势头预计在 2019 年仍将延续。据《印度大数据就业市场报告》，班加罗尔汇集了印度大部分大数据企业，占有印度 40%的大数据就业市场份额。截至 2018 年年末，印度诸多大数据创新企业，包括 Mu Sigma、Crayon Data、Spire Technologies 等公司已完成资金募集程序并步入良好发展阶段。除此之外，印度大数据分析行业的不断发展也进一步推进了印度大数据产业的优化升级。以大数据计算服务为例，阿里云大数据计算服务 MaxCompute 于 2018 年 1 月在印度正式开服，该服务通过提供快速、完全托管的 PB 级数据仓库解决方案，有效降低了企业成本，保障了数据安全。有行业专家日前透露，印度的大数据分析行业规模预计将从当前的 20 亿美元增长到 2025 年的 160 亿美元。

（三）俄罗斯

1. 新能源汽车前景光明

新能源汽车作为俄罗斯重点发展的新兴行业之一，具备广阔的发展空间。目前，俄罗斯的新能源汽车包含电动汽车、混合动力汽车、电池燃料汽车 3 种，其中 2018 年新型电动汽车的销售量同比增长 80%，创历史新高。俄罗斯政府已将电动汽车作为汽车行业的主要发展对象，随着生产技术、市场环境的不断完善，俄罗斯的电动汽车保有量必将大幅提升。除此之外，俄罗斯政府近两年也出台了《2025 年前俄罗斯电力和运输基础设施发展计划》等支持电动汽车行业发展的方案，提出减免电动汽车进口关税、降低行业准入门槛、优惠贷款等措施。预计截至 2020 年，俄罗斯将建成电动汽车充电站 5000 个，电动汽车保有量将达到 20 万台。因此，从现有状况来看，无论是政策支持还是市场发展，俄罗斯的新能源汽车行业都具有广阔的前景。

2. 电信市场发展加速

2018 年，俄罗斯电信市场首次打破萎缩态势，实现了 4 年来的最快速度增长。据俄罗斯有线电视协会公布的数据，目前，俄罗斯电信市值达 1.7 万亿卢布，比 2017 年增长了 3.4%。其中，移动设备是 2018 年俄罗斯电信市场实现高速发展的首要因素，其带来的市值增加值达 9690 亿卢布，比 2017 年增长了

5%。同时，宽带互联网及用户订阅量分别增长了 3.2%、1.8%，市值分别为 1870 亿卢布、3490 万亿卢布。在普及率方面，俄罗斯的宽带服务覆盖率已超过 70%，现代电信服务普及率达到 97%。

价格、技术及政策的支持为俄罗斯电信业的未来发展提供了良好的条件。在价格方面，俄罗斯的宽带服务价格在全球排名第十，远低于其他经济水平与其相近的国家，具备竞争优势；在技术方面，俄罗斯近些年来在消除数字鸿沟方面取得了突出进展，包括在境内铺设 3.5 万千米的光纤通信网络、与 42 个联邦主体签署合同、建设北极地区信息通信基地等；在政策方面，俄罗斯政府曾颁布诸如《电信法》等支持电信行业发展的法案，通过对共同使用频段等问题的调整，扶持电信企业发展。

3. 高新科技迎来发展新阶段

在俄罗斯经济复苏的推动下，出口服务开始大幅增长，为高新科技产业的发展打开了新世界。2018 年上半年，俄罗斯 IT 服务出口额为 25.5 亿美元，超过进口额 25.2 亿美元，实现了 2014 年以来的服务出口新高，其中多为交通运输服务出口。目前 IT 和通信出口占服务出口总额的 3% ~ 4%，有关机构预测在出口亚太的助推下，这一份额预计于 2024 年达到 20%。

俄罗斯高新科技的发展具备技术及政府政策的支撑，前景光明。在技术方面，俄罗斯企业加大科技创新，完成软件国产化替代，积极推动服务向海外市场扩展；在政策方面，俄罗斯政府提出加大对高科技产业的扶持力度，强调高科技领域将成为财政投入的优先选择方向。

（四）南非

1. 经济形势整体良好

新总统拉马福萨的就任，保证了南非的政治稳定，为经济发展提供了良好的条件。预计未来，拉马福萨总统的就任将增加投资者的信心，国际大宗商品价格的上涨将为南非商品出口提供较好前景。电力供应方面，由于新发电厂的建设上线，为国家电网增加了 6000 多兆瓦的供电能力，一贯制约南非经济发展的电力危机被解除。再加上旅游和会展业的进一步复苏，南非经济将呈现温和上涨态势。与此同时，南非政府致力于交通基础设施和水利设施的建设，基础设施状况将进一步改善。此外，南非政府还致力于实现再工业化，根据南非最新发布的工业政策行动计划，包括农产品加工、服装、纺织品、皮革和鞋类在内的若干行业显示出再工业化的潜力。

2. 投资环境不稳定

南非政府力推的经济激进转型议程充满了不确定性，给投资环境的改善投下阴影。

在土地领域，由于农业贷款占南非第一兰特银行、巴克莱非洲银行、标准银行贷款的比例较大，因此无偿征用土地方案导致的农业产出下降可能会给金融业带来系统性风险。

在国企改革方面，尽管南非政府已经对部分国有企业的治理结构进行了调整，但南非国家电力公司等国有企业过高的债务问题，仍使南非面临信用评级被进一步下调的风险。

在教育领域，拉马福萨决定在中期内为高等教育和培训增加 570 亿兰特资金，年均增长幅度达 13.7%，远高于南非经济增长预期。这意味着，南非财政将面临持续的财政压力。

3. 黄金产业渐渐衰退

根据南非统计局的报告，2018 年 11 月，南非的黄金产量同比大幅下降 14%，相比 2017 年同期缩水 14%，与此同时，黄金在南非整个采矿业中占据的产量份额也下降了 1.9%。钻石和铁矿石的开采量下降幅度更大，分别为 21.7% 和 19.7%。

政府统计的数据显示，自 1980 年以来，南非全国的黄金产量下降了约 85%。由于近期勘探量萎缩，南非现在的生产量仅占世界黄金开采总量的 6%，叠加巴西和蒙古等国家已经找到了新的矿床，使得本就衰败的南非黄金市场进一步被挤压。与此同时，矿井工人的工资增长了一倍，进一步损害了金矿产业的赢利能力。

第六章

拉美

近年来，受经济全球化不断深入，亚洲新兴国家快速发展，自身经济制度滞后等多重因素的影响，拉美主要国家经济增长乏力，部分国家凸显通货膨胀问题，已成为新兴市场经济增长普遍放缓区，逐步建立的工业体系也受到了不同程度的影响。整体来看，以墨西哥、巴西、阿根廷和玻利维亚等为代表的拉美主要国家当前均面临工业发展困境，呈现“失去的十年”，亟须采取积极有效的措施，走出工业发展低谷，促进经济增长。2018 年，拉美和加勒比地区连续两年摆脱经济衰退，通货膨胀率和国际收支等主要基础性指标表现良好，预计 2019 年经济有望持续复苏。

第一节　发展概况

据国际货币基金组织统计，2018 年拉美和加勒比地区经济增长率为 1.2%，低于全球 3.3%的经济增长率。预计未来两年拉美经济将继续复苏，在 2019 年和 2020 年分别实现 2.0%和 2.5%的增长率。对外贸易温和复苏，结束了商品价格下跌和出口缓慢增长的态势。但外部不确定因素不断增多，拉美和加勒比地区的经济发展在中短期内难以实现强力反弹，经济“回温”的波动态势还将持续。目前，拉美和加勒比地区还将聚焦稳健的财政政策，降低被边缘化的风险。2018 年，拉美经济发展呈现出几方面的特点。

一、总体概况

（一）经济复苏低位徘徊，区域经济发展失衡

2018 年，拉美和加勒比地区整体经济增幅未达到预计水平，经济复苏仍在低位徘徊。一是拉美大国对地区经济的带动有限，少数国家影响整体增速。巴

西、阿根廷、委内瑞拉的负债均超过 60%，“双赤字”问题严峻。同时，委内瑞拉、多米尼克、阿根廷的经济衰退率分别达到了 18%、14.1%和 2%。二是美国货币正常化加速，撬动拉美主要国家金融风险。预计到2019年，包括巴西、阿根廷在内的拉美主要国家，其金融市场将继续动荡、资本外流加剧、实体经济受冲击严重。从外部市场看，由于国际大宗货物的价格上涨，拉美资源出口国增产压力日益明显。三是政治风险或将成为拉美经济发展的一大阻力。墨西哥、巴西、哥伦比亚等国刚完成政府换届选举，政策上具有很大的不确定性。阿根廷、玻利维亚、巴拿马等国即将迎来大选，各党派势力博弈激烈，经济改革前进尚且存疑。

（二）主要国家工业发展增速放缓，对工业经济的拉动作用有限

2018 年，拉美和加勒比地区工业发展增速放缓，主要指标较 2017 年略有下降。一是主要工业产业规模发展放缓；二是主要工业企业经济效益欠佳；三是制造业对工业发展的贡献有限。就国别而言，主要国家的 GDP 见表 6-1。

表 6-1　2018 年 12 月拉美主要国家的 GDP

国家	GDP/亿美元
巴西	18690
阿根廷	5184.75
智利	2982.31
哥伦比亚	3302.28
秘鲁	2222.38
乌拉圭	595.97
巴拉圭	408.42
玻利维亚	402.88
墨西哥	12240
哥斯达黎加	601.26

（资料来源：赛迪智库整理）

（三）中拉经贸合作机遇犹存，多重机遇引领中拉关系跨越式发展

拉美经济发展所存在的风险可能对邻国和已经高度整合的南方共同市场造成冲击，但风险中也蕴含着中拉合作的重要机遇。目前，中国已与智利达成自

由贸易协定升级协议，并完成和巴拿马的自由贸易协定第四轮谈判；上海的中国国际进口博览会把更多拉美产品引进中国市场；G20 领导人第十三次峰会，使中拉关系得到了新的提升。总体而言，2018 年中拉经贸合作稳步推进，对拉美经济的带动作用日益凸显。2019 年，将在智利召开第二十七次领导人非正式会议，在巴西举办第十一届金砖国家峰会。中国和拉美地区的合作将继续推进，前景将更加广阔。与此同时，中国正在推动经济高质量发展，拉美国家也在积极探索符合自身国情的发展道路，在共建“一带一路”倡议的引领下，中拉双方将继续协作，为构建人类命运共同体做出更大的贡献。

二、重点国别

（一）墨西哥

墨西哥是拉美地区主要的经济大国。工业作为墨西哥重要的经济部门，门类齐全，拥有完整且多样化的体系，包括轻工业和重工业两大部门。墨西哥的石油产量居世界第四位，建筑、化工、纺织、服装等产业持续发展。2018 年，墨西哥制造业呈现萎靡之势，对美国经济高度依赖，宏观经济动荡而坚韧。

1. 经济增长温和复苏

据世界银行统计，墨西哥 2018 年的 GDP 从 1.7%增长至 2.3%。墨西哥国家统计局的具体数据显示，截至 2018 年 9 月，墨西哥第一产业、第二产业和第三产业分别同比增长了 2.3%、3.3%和 1.2%。主要原因是内需推动、支出结构优化、出口形势好转及油价回升等。墨西哥政府将继续深入结构改革，配合审慎的财政和货币政策，调控宏观经济。尤其应当注意公共安全形势和政府权力的全面监管，以确保国民经济的健康发展。

2. FDI 快速增长

截至 2018 年 9 月，墨西哥共流入 FDI 241.744 亿美元，同比增长 11.1%。墨西哥国家统计局的数据显示，2018 年墨西哥制造业吸引 FDI 110.93 亿美元，占总额的 45.9%；水、电、气生产和输送行业吸收 FDI 21.50 亿美元，占总额的 8.9%；矿业吸收 FDI 14.51 亿美元，占总额的 6.09%；贸易行业吸收 FDI 19.88 亿美元，占总额的 8.2%。其中，美国投资最多，总额可达 88.11 亿美元，占到投资总额的 36.4%，加拿大位列其次，投资总额可达 33.33 亿美元，占比 13.8%。

3. 通货膨胀率稳步下降

国际货币基金组织关于拉美和加勒比地区情况的研究显示，2018年石油价格上涨带来的不利影响逐渐消散，国内通货膨胀率呈现稳步下降趋势。但《北美自由贸易协定》重谈带来的不确定因素和墨西哥总统选举结果将届时对墨西哥的经济发展产生重要影响。

（二）阿根廷

阿根廷是拉美地区经济发展水平较高的国家，其制造业占GDP的19%，自然资源丰富，同时是世界主要的粮食出口国。工业门类齐全，包括汽车、石油、化工、钢铁、机械、电子等产业。工业地理分布不均衡，主要集中在布宜诺斯艾利斯省和科尔多瓦省，内地省份工业基础薄弱。核工业和食品加工业的发展水平居拉美地区前列。

1. 工业生产持续走低

阿根廷国家统计局的数据显示，2018年8月，阿根廷的工业生产同比下降5.6%，连续4个月呈现负增长态势，工业生产累计同比下降了0.8%。其中汽车产业增长势头迅猛，同比增长25.6%；金属机械产业、建材产业和钢铝产业产值也稳步提升。但石油冶炼业下滑13.1%，食品产业下降1.1%。

2. 失业率不断攀升

据阿根廷国家统计局公布的数据，2017年1—9月，阿根廷的失业率不断攀升，第三季度的失业率从2017年第三季度的8.3%上升至9.0%。截至2018年12月，阿根廷的贫困人口达到33%，同比增长了6%，达到了近10年的最高值。2018年9月，阿根廷中央银行将利率提高到60%，将政府部门人员减半，同时限制开销。10月，阿根廷政府从国际货币基金组织获得70亿美元的救助资金，加上紧缩的货币政策，预计2019年阿根廷的经济衰退将暂时告一段落。

3. 通货膨胀率居高不下

2018年，阿根廷的通货膨胀率达到50%，相比2017年的28%，马力克政府在2018年的表现差强人意。与此同时，阿根廷的融资利率处于世界高位。同时面临的困境还包括由电子产品、天然气和公共交通价格两位数增长带来的消费压力。阿根廷的经济发展存在多重负面因素：四大宏观经济挑战将持续发力，通货膨胀率随之走高，贸易逆差难以平衡；鼓励投资也将对财政赤字产生不利影响。

（三）乌拉圭

乌拉圭地处南美洲的东南部，民主程度高，对外资有较强吸引力，生活质量居拉美和加勒比地区首位。2018 年出口呈现负增长态势，工业产值占 GDP 的 24.28%，与 2017 年基本持平。以农牧产品加工为主，包括肉类加工、榨油、酿酒、制糖、罐头加工、面粉加工、牛乳加工、干酪加工等，可耕地面积和牧场面积占国土面积的 90%。其次是纺织业，主要加工羊毛、生产棉纺和化纤产品。重工业基础相对薄弱，能源依靠石油和水力发电。农业、畜牧业、服务业、IT 和软件业是乌拉圭的四大优势产业。2018 年，乌拉圭在通信和互联网等领域取得了长足的发展，固定和移动宽带渗透率达到发达国家水平，光纤通信和 4G 覆盖率也有大幅提升，GCI（Global Connectivity Index，全球联接指数）排名位列 49。

第二节 产业布局

一、总体布局

拉美和加勒比地区国家产业发展区域差异化显著，汽车制造业主要集中在巴西、墨西哥和阿根廷，纺织业主要分布在秘鲁、智利和乌拉圭，农产品加工业在巴西、墨西哥和乌拉圭规模较大。以墨西哥、巴西和阿根廷为首的拉美石油化工行业巨头，在2018年积极应对原料短缺问题，加大海外收购力度，解除进口管制，重塑投资者信心。其中，墨西哥、阿根廷和乌拉圭三国的产业布局具有一定的代表性，在这一章节，将以这三国的具体产业结构为例，阐述拉美地区典型的产业布局情况。

二、重点国别

（一）墨西哥

墨西哥北部和西北部以制造业为主，南部以农业、农产品加工和石油化工为主要产业，中部传统工业部受到国外进口产品的冲击，处境困难，逐渐萎缩。随着中部和北部劳动力价格的上涨，劳动密集型产业逐渐向南部转移。

（二）阿根廷

阿根廷的工业主要集中在布宜诺斯艾利斯省和科尔多瓦省，内地省份工业基础薄弱。核工业发展水平居拉美地区前列。作为阿根廷最重要的工业港口城市，罗萨里奥市拥有先进的食品加工、制革、造纸、机械工业。从罗萨里奥到拉普拉塔河道沿海地带是阿根廷的工业中心。全国共有 6 家大型钢铁厂。

阿根廷目前拥有 12 家汽车制造商，包括通用汽车、本田、标致、丰田等制造商品牌。阿根廷的汽车年产量为 88 万辆，拥有 500 个汽车销售点，40%位于布宜诺斯市。巴西经济的衰退严重打击了阿根廷的汽车产业。随后，阿根廷同巴西、墨西哥和哥伦比亚签署汽车双边协定。截至 2017 年，阿根廷的汽车产业回暖趋势显著，带动了巴西汽车市场的复苏。

（三）乌拉圭

乌拉圭工业以农牧产品加工为主，汽车产业、新能源产业也在蓬勃发展。目前新能源产业尚属起步阶段，无法形成自身的规模与优势。

汽车产业。据乌拉圭二十一世纪协会统计，2017 年乌拉圭汽车及零部件出口总额达 1.12 亿美元，同比增长 75%。国内两大汽车制造商 TAKATA 和力帆汽车位列前二，出口总额分别为 3400 万美元和 3000 万美元。汽车产业的飞速发展得益于巴西市场的回暖和阿根廷市场的开拓，乌拉圭在巴西和阿根廷的出口额占出口总额的 95%。

农牧产品加工业。2017 年 11 月，乌拉圭乳制品出口同比增长 43%，达到 7600 万美元。大豆、牛肉和木材加工产品出口额较 2017 年同期大幅提升。乌拉圭政府提出继续保持传统农牧业发展优势，改善农牧业产品结构，提升农牧业产品附加值的发展目标。2017 年乌拉圭向中国出口总额累计超过 16.52 亿美元，同比增长 57%，其中牛肉制品占比超过一半。

风电产业。乌拉圭政府高度重视可再生能源的发展。乌拉圭《国家报》的数据显示，2018 年乌拉圭在可再生能源方面的使用量占国家能源总体消耗的 60%以上，碳排放达到近 10 年来的最低水平。2018 年，乌拉圭能源供给总量为 5000 多万吨油当量，可再生能源占比连续 5 年超过 50%。乌拉圭作为能源转型的成功案例，得益于政府政策和技术培训的双向支撑，同时还利用气候融资使低碳能源的发展产生了革命性的变化。

信息技术产业。2018 年，乌拉圭在 GCI 排名中位列第 49，其光纤通信和 4G 覆盖率有较为明显的提升，固定和移动宽带的渗透率和支付性基本可与发达国家水平相较。未来，乌拉圭将侧重探索和发展云服务及更多相关数据能力，扩大 ICT 市场，获取更多的收益。

第三节 政策动向

一、总体政策

2018 年，中拉关系开局顺利，收官完美。中拉论坛第二届部长级会议的成功召开，催生了《“一带一路”特别声明》等重要成果文件，一致通过了中拉合作共赢的贯彻路径，双方将在“一带一路”框架下开展更高水平的产业合作，为携手共建“中拉命运共同体”提供良好契机，成为“南南合作”的新范式。

2018 年，拉美同美国的关系渐行渐远。以特朗普为首的美国政府主张“美国优先”理念，以强硬态度对待拉美国家的贸易、移民等问题，包括委内瑞拉、古巴等在内的拉美主要国家受到来自美国的频繁施压。在贸易方面，特朗普政府出台了一系列政策捍卫美国利益，先后退出跨太平洋伙伴关系协定，启动《北美自由贸易协定》重新谈判程序，反复强调要退出《北美自由贸易协定》，每年减少 40%的拉美援助资金，这严重影响了拉美在教育、医疗和社会救助等方面的项目。在对外政策方面，特朗普政府加大打击拉美国家，并进一步干涉拉美国家内部事务，全盘否定奥巴马政府时期的美古关系，对拉美部分国家实行经济、金融和贸易禁运等政策，迫使双方外交关系持续倒退。

二、重点国别

（一）墨西哥

2018 年 7 月 1 日，墨西哥总统大选尘埃落定，洛佩斯·奥夫拉多尔的新政策提出，要增加社会支出、进口替代、民族主义觉醒等，墨西哥将转向采取稳健的宏观政策、持续开放的贸易国际贸易政策和吸引外资的政策。

2018 年 9 月 30 日，美国和加拿大达成《美墨加三国协议》。一是取消了墨西哥强烈反对的每 5 年修订一次协议内容的条款，协议有效期变成 16 年，每 6 年重谈一次，确保了《美墨加三国协议》的稳定性，同时也确保了商业投资和就业增长；二是豁免了墨西哥的汽车关税，美国从墨西哥进口汽车及零件基本免除关税，如果美国违反协定，墨西哥将每年获得1080亿美元的汽车零件豁免缴税配额，为墨西哥本国出口增长提供了机遇。

（二）阿根廷

2018年，比索大幅贬值且利率达到50%之高。马克里政府宣布调整红光经济政策，转向紧缩的货币政策，削减国家部委开销，向农业部门征收出口预征税。阿根廷政府目前仍在继续寻找削减财政赤字的方式，但近期的各种举措都未达到理想效果。2018年4月，10年期的美国国债收益率达到4年以来的最高水平，严重打击了阿根廷的货币市场。阿根廷中央银行随即抛售20亿美元的外汇储备，但最终没能阻止比索贬值。5月，阿根廷中央银行调整银行利率到40%，阿根廷政府在6月获得国际货币基金组织的救助资金，经济衰退暂时见底。

（三）乌拉圭

2018年8月，乌拉圭同中国签署共建“一带一路”合作文件，并与中国商务部签署了双边服务贸易备忘录。与此同时，还在北京、广州和重庆开展了“乌拉圭推介周”等活动，多方位展示乌拉圭的文化特色。未来，中乌之间将继续在信息通信技术、企业服务和物流业等产业层面展开合作对接，同时在农牧业的科研项目上开展更多的合作，吸引中国企业对乌拉圭进行基础设施建设、服务业和工业方面的投资，借此机会加强中乌双方在省级政府层面的合作对接。此外，中乌之间还将加强人文交流，互派留学生、企业代表，超越教育和文化领域开展多方位的双边合作，增进两国人民的信任。

截至2018年，乌拉圭成功实施了公共和私人投资计划，该计划聚焦公路改造、铁路和港口建设等基础设施建设，以保障乌拉圭经济增长可持续发展，提高综合生产力水平。

2018年，乌拉圭提出“2020年数字议程”，旨在聚焦基础设施建设和数字化转型，进一步构建创新动能，为数字技术的对接和应用提供切实可行的解决方案。“2020年数字议程”为乌拉圭互联网和通信行业的发展提供了重要机遇，该议程融合多个重点举措，发挥数字技术的独特优势，以包容性和可持续的方式进行国家数字转型，为乌拉圭人民享受信息技术进步带来的便利提供了平等机会。

第四节　发展趋势

一、总体趋势

（一）经济有望持续复苏

联合国拉美和加勒比经济委员会公布的数据显示，2018 年拉美和加勒比地区平均经济增长 1.2%，整体发展趋势与 2017 年基本持平，但仍需通过积极的公共政策维持扩张周期。2018 年，拉美和加勒比地区货币流动充裕，国际利率较低，私人消费驱动力强劲，这些因素都为年内和未来经济增长提供了动力。预计 2019 年，全球经济将以 3.7%的速度持续增长，拉美和加勒比地区的经济发展也将展现出更为强劲的势头。同时，更需要关注的是该区域面临的挑战和潜在的风险，尤其是美国税制改革可能引发资本回流，从而导致区域内金融动荡。

（二）工业经济快速发展，面临巨大挑战

世界经济动能呈现放缓趋势，拉美工业经济面临巨大挑战。一是受新一轮科技革命和产业变革的影响，世界发达经济体的工业经济增速已经达到其潜在增长率，伴随着通货膨胀率持续攀升，工业经济的持续发展面临巨大挑战；二是受贸易保护主义抬头的影响，作为世界经济增长主要动能的国际贸易和跨境投资持续走低，拉美工业经济在此背景下也是难以为继。

（三）新思想引领中拉关系跨越式发展

拉美和加勒比国家与中国的联系日益紧密，习近平总书记三度访拉，并提出“五位一体”的关系格局和构建“中拉命运共同体”的战略构想。2017 年，中巴建交和拉美被确定为 21 世纪海上丝绸之路的自然延伸，都标志着中拉合作开启新征程。党的十九大将习近平新时代中国特色社会主义思想写入党章，全面推进中国特色社会主义大国外交成为习近平新时代中国特色社会主义思想的重要组成部分。交通运输、基础设施、能源建设等都将以“一带一路”倡议和中拉论坛第二届部长级会议为契机为中拉跨洋牵手奠定坚实基础，实现互利共赢。

二、重点国别

（一）墨西哥

据世界银行预测，2019 年墨西哥的经济增长率将达到 2.1%，经济发展态势良好。但《北美自由贸易协定》重谈带来的破坏性风险可能会对墨西哥的实体经济产生负面影响，三边贸易协定将使墨西哥与美国之间的商业关系产生结构性的转变，而这一经济变革的代价是十分昂贵的。金融市场的不稳定性也将引发投资问题，基础设施建设投资问题和经济增长问题也将随之而来，这些负面影响或将延续到 2019 年。

（二）巴西

世界银行对巴西经济的预测持乐观态度，数据显示，2019 年巴西的经济增长率约为 2%。2019 年巴西中央银行预测，2019 年巴西经济将加速发展，并达到 2.4%的增长率，但 2019 年大选后是否延续目前的财政改革，将对增长预期有所影响。巴西中央银行发布的报告还显示，2019 年巴西的通货膨胀率为 4%，这一估值主要受到国际油价上涨的影响。目前，巴西中央银行确定的基准利率为 6.5%，处于历史低位，随着 2019 年经济形势的变化，巴西中央银行将提高基准利率，进一步管控通货膨胀带来的风险。

（三）阿根廷

据世界银行预测，2019 年阿根廷的经济增长率约为 3%，经济增长态势将持续。目前，阿根廷正在进行经济转型发展，这将促进阿根廷社会包容性的提升，以及与全球经济融合度的提高。2017—2018 年，阿根廷的经济增速维持在 3%上下，财政赤字占 GDP 的比例也从 4.3%下降到 3%，阿根廷政府计划到 2021 年实现财政基本收支平衡。2019 年，阿根廷经济复苏态势将延续，阿根廷政府积极响应的“一带一路”倡议也将为阿根廷带来新的发展机遇。与此同时，阿根廷政府将持续重点关注经济机构单一、金融体系脆弱、社会稳定和治安等问题，保持目前的经济增长趋势。

第七章

韩国

韩国是亚洲地区为数不多的发达国家之一，它依托自身制造业的崛起夯实了深厚的根基。其中，尤其以电子产业享誉世界，汽车、机电、半导体、医药、化学、造船、芯片代工、内存颗粒、存储芯片、LED 屏幕、新材料等产业同样也是韩国经济的重要支柱，长期保持着世界前列的地位，三星、现代、LG 等品牌驰名全球。韩国目前是亚洲排名第四的经济体。2018 年世界经济总体向好，发达国家增长势头迅猛，但是受萨德危机、三星掌门人李在镕入狱和 Note7 手机燃损事件、国内加息等因素的影响，韩国整体经济全年都处于波动之中。2018 年，韩国国内经济增速放慢，预计 2019 年工业生产将实现小幅上升。

第一节　发展概况

当前，全球贸易保护主义和逆全球化风潮、发达经济体货币政策收紧、世界经济增长后劲乏力问题等外部因素存在，2018 年度，韩国 GDP 较 2017 年增长了 2.7%，GDP 增速未能突破 3%，是近 6 年来新低。在韩国受内、外多重因素影响的境遇下，韩国半导体出口萎靡局面快速发展，国内设备投资增长快速下降，建筑行业发展陷入困境，从而导致韩国经济增长放缓。但是，预计韩国人均 GDP 将正式步入 3 万美元时代，这是韩国自 2006 年人均 GDP 突破 2 万美元以来，历经 10 年再次实现新的突破。在世界经济向好发展的背景下，韩国制造业 PMI 总体呈现下降的发展形势，PMI 最低值为 48.3。面对盘根错杂的国内、外经济形势，韩国政府陆续出台了“以国民收入增长带动经济增长”等系列政策，提高产业发展，促进国民经济不断增长。

一、制造业呈现动荡下行态势

从 2018 年韩国的经济数据来看，韩国经济整体呈放缓的发展态势。韩国国内、外受萨德事件、特朗普贸易保护主义和推行逆全球化潮流的单边主义政策等因素的影响，国内制造业发展下行，诸多不利因素的影响持续发酵。2018年以来，韩国制造业增长动力总体来看下半年高于上半年，总体态势呈下降趋势，韩国制造业 PMI 于 2018 年 11 月达到峰值 51.3，自 2018 年 1 月缓慢下行，至 9 月跌至 48.3，远低于荣枯线，如图 7-1 所示。2018 年韩国制造业 PMI 高于荣枯线仅有 5 个月。2018 年 1 月和 6 月，韩国制造业企业景气调查指数分别为 80、81，是 2018 年韩国仅有的 2 个月高于 80，低于 2017 年韩国制造业企业景气调查指数的最高值 83。具体来看，2018 年 12 月，韩国制造业企业景气调查指数为 72，较 11 月下降 2 个点，这是韩国 2016 年 10 月以来的最低纪录，其中 2016 年 10 月的数值为 71，造成这一结果的主要原因是部分制造业产品生产过剩及中美贸易争端的影响。在制造业企业规模方面，韩国制造业大企业景气调查指数为 73，较 11 月下降 3 个点；中小企业为 69，与 11 月基本持平。预计 2019 年 1 月，韩国制造业企业景气调查指数为 71 点，与 2018 年 12 月持平。总体而言，2018 年韩国制造业在国内、外因素的逆势影响下，发展欠佳。

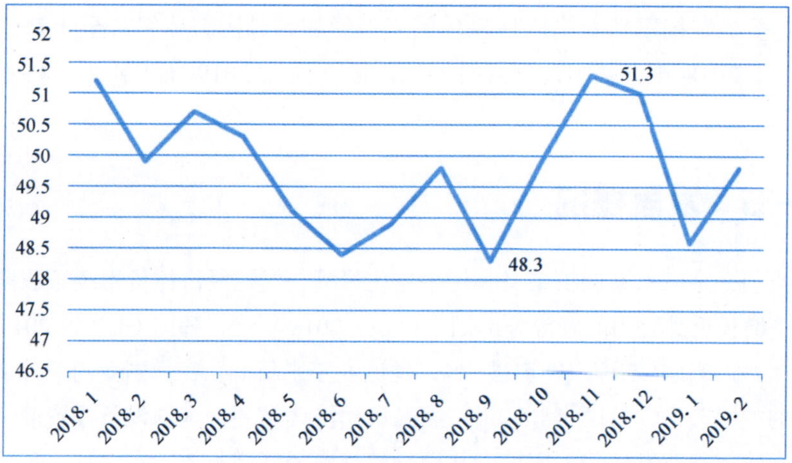

图 7-1　2018 年 1 月—2019 年 12 月韩国制造业 PMI

（资料来源：汇丰控股与 Markit）

二、出口总额呈现上升趋势

2018 年全年韩国在受“美国优先”政策、美联储加息、中美贸易争端等多个因素影响的背景下，韩国出口面临更大压力。但由于全球经济回暖复苏、发达国家经济增速提高，2018 年韩国的贸易额创下历史新高，高达 1.1 万亿美元。其中 2018 年韩国的出口总额为 6055 亿美元，较 2017 年增长了 5.5%，是全球第六大出口国；进口总额为 5350 亿美元，较 2017 年增长了 11.8%，实现贸易收支顺差 705 亿美元，已经连续 10 年保持净进口国态势。韩国产业通商资源部公布的数据显示，2018 年韩国半导体、机械产品和石化制品出口创历史新高。其中半导体出口额高达 1267 亿美元，是韩国第一大出口商品；机械制品出口额达到 536 亿美元；石化制品出口额高达 501 亿美元。该三类产品出口额的增长速度高达 10%以上。但是，韩国国际贸易协会的数据显示，2018 年 1—12 月出口额整体呈平稳趋势，10 月为全年峰值，出口额达 548.87 亿美元，同比增幅达 22.5%，2 月为全年低谷；同时可以看出，12 月开始韩国贸易额呈现疲软态势，如图 7-2 所示。

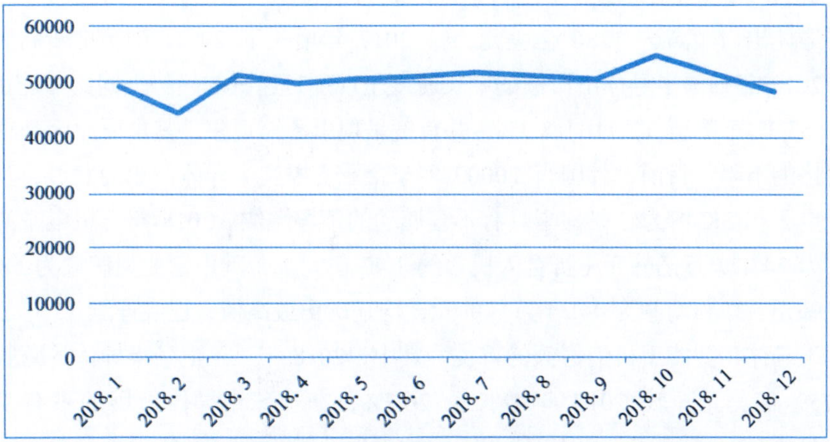

图 7-2　2018 年 1—12 月韩国出口总额（单位：百万美元）

（资料来源：韩国国际贸易协会）

三、汽车产业发展内忧外患

2018 年韩国汽车产业经历内忧外患。国内汽车行业面临罢工，现代汽车公司的员工已经连续 7 年举行罢工；国际环境复杂，美国政府对进口汽车加征关税，对以美国汽车市场为重要海外市场的韩国汽车行业造成巨大冲击，严重影响了韩国汽车行业的发展。2018 年韩国汽车市场的进口汽车占有率高达 16.7%，是韩国汽车市场历史上的最高值。韩国进口汽车协会的数据显示，2018 年韩国国内销售进口汽车 26.07 万辆，销售额高达 17.74 万亿韩元。其中，奔驰汽车销售 7.8 万辆，销售额为 5.69 万亿韩元，同比增长 3.0%；宝马汽车的销售额为 3.8 万亿韩元，同比下降 14.9%，主要是由宝马汽车在韩国发生多起火灾事故，并召回大量宝马汽车造成的；路虎汽车的销售额为 1.776 万亿韩元，首次突破 1 万亿韩元大关。2018 年 2 月受韩国通用汽车工厂关闭因素的影响，韩国汽车的销量大幅下降。其中现代汽车的销量同比减少 8.1%；起亚汽车的销量同比减少 9.1%；韩国通用汽车的销量同比减少 19%；雷诺三星汽车的销量同比减少 22.3%；双龙汽车的销量同比减少 16%。2018 年受韩元汇率和中美市场需求减弱的影响，现代汽车的净利润为 1.64 亿韩元，较 2017 年的 4.54 万亿韩元下降了 64%，幅度相当大；营业利润为 2.42 万亿韩元，较 2017 年的 4.57 万亿韩元下降了 47%。

四、电子信息制造业市场业绩创新高

2017 年韩国正式超过中国台湾地区成为半导体产业世界第一，2018 年韩国半导体出口额高达 1286 亿美元，较 2017 年增长了 29%，创历史新高。但是，2018 年韩国半导体出口额的增长速度呈现逐月递减的趋势，同比增速由 1 月的 53.3%下降至 12 月的-8.3%，并首度呈现出萎缩现象，其重要原因是存储器价格的下降。目前，韩国有 20000 多家企业支撑其半导体产业的发展，其中三星电子和 SK 海力士在韩国具有不容撼动的领导地位。2018 年三星电子的销售额为 243.77 万亿韩元（折合人民币约 1.47 亿元），其中营业利润额为 58.89 万亿韩元，净利润额为 44.34 万亿韩元，均是历史最高值，已经连续 17 年位居韩国半导体和智能手机销售额的首位。其中，2018 年三星电子半导体的营收额为 759 亿美元，较 2017 年增长了 26.7%，在全球半导体市场的占有率为 15.9%，位居全球首位。2018 年 SK 海力士半导体的营收额为 364 亿美元，较 2017 年增长了 38.2%，是全球前十大半导体公司营业收入增长最快的公司，占全球半导体市场的 7.6%。

第二节　政策动向

为应对国内外形势的影响，实现经济逆流而上，韩国将显著改善国民的生活质量、扩充经济增长潜力作为 2018 年韩国经济的主要工作重点，并出台了一系列举措增加就业、扩大出口、提升工业领域的竞争力、提振国内经济。

2018 年 1 月，韩国金融委员会发布了“2018 工作计划”报告，主要内容是“金融产业的戊戌通共”政策，通过降低金融产业的门槛，培育更多的市场竞争者。同时，韩国金融委员会还进一步加大对韩国网络支付、自动驾驶技术保险

商品等新技术、新服务的研发和应用的支持力度。

2018 年 3 月，韩国国防采办计划管理局宣布了新的五年计划（2018—2022 年），以促进国防工业的发展。新的五年计划旨在支持系统和平台的研发，减少对进口的依赖并刺激国防出口，同时支持国内工业发展，提高竞争力。其主要内容包含 14 项关键任务，如加强研发能力、扩大工业基地规模、为国防出口商提供更多支持、创造就业机会等。

2018 年 4 月，韩国政府正式通知世界贸易组织，暂停对美国进口价值 4.8 亿美元商品的关税减让，以此作为对美国对韩国国产太阳能板和洗衣机发起保障措施的回应。其中，4.8 亿美元的金额与影响的韩国洗衣机和太阳能板出口关税增幅同等。世界贸易组织《保障措施协议》规定，若保障措施符合协议要求，则出口方不得在保障措施有效的前 3 年内进行报复，除非世界贸易组织争端解决程序裁决美方保障措施违反世界贸易组织《保障措施协议》的规定。因此，韩国政府终止关税减让措施或者在 3 年后，或者在世界贸易组织争端解决机制中胜诉后才能生效。

2018 年 5 月，韩国政府讨论制定新兴产业发展战略。根据战略规划，韩国企业拟在今后 5 年内在自动驾驶、再生能源、物联网家电、半导体显示屏、生物健康五大新兴产业投资 160 万亿韩元。韩国政府则通过改善规章制度等手段给予企业制度上的支持，并希望通过该战略可以为韩国创造 20 万个就业岗位，让发展惠及全民。另外，韩国政府也明确表示积极扶持本国汽车产业，为韩国发展奠定坚实的基础，确保韩国汽车行业在全球的主导权。

2018 年 6 月，韩国政府计划在 2022 年之前投入 2.6 万亿韩元促进本国氢燃料汽车的发展，以占领国际氢燃料汽车市场。韩国将维持现有的氢燃料汽车补助金制度，以此推动韩国完成 2022 年普及 16000 台氢燃料汽车的目标。另外，2018 年韩国还在首尔和蔚山投入氢燃料公交车，并计划在 2019 年扩展到 5 个城市。根据韩国拟制定氢燃料公交车补助金制度，在购置税方面减免优惠 50%，并在 2022 年之前新增 1000 辆氢燃料公交车。为配合氢燃料汽车的发展，韩国计划在 5 年将氢燃料加气站由现在的 10 个增加到 300 个。同时在 2018 年将氢能源相关内容纳入韩国第三次能源基本计划，为氢能源的普及发展奠定法律和制度基础。

2018 年 7 月，韩国发布了《下半年后经济条件及政策方向》报告书。一方面，回顾了 2018 年上半年韩国经济形势及经济政策运行情况；另一方面，展望韩国全年的经济形势，提出了下半年及明年韩国经济的政策方向。该报告认为，2018 年上半年韩国实现了宏观经济的稳定运行，半导体产业一枝独秀，其他产业发展活力低下；预计2018年经济增长2.9%，较2017年小幅下降，受国内因素影响，下半年出口增长受阻；政策方向方面，加快“以人为本”经济体系转型，主要是依靠增加就业岗位、推进核心规制改革、推进立法改革、提高宏观经济活力等。

2018年8月，韩国政府决定在2019年大幅增加新产业领域的投资。根据韩国政府的要求，投资主要集中在生物健康、未来汽车、无人机、能源产业、智能工厂、智慧城市、智能农业、金融科技八大先导产业，预计投资增幅为62%，总金额将高达3.52万亿韩元；与此同时，将数据、区块链、共享经济、人工智能和氢气经济作为最能拉动创新增长的三大战略投资产业，预计投资增幅为71%，总金额将高达1.49万亿韩元。另外，韩国政府还拟在2019—2023年重点投资三大战略产业，每年投资金额将高达2万亿韩元；同时在2019—2023年间，每年投资600亿韩元重点培养人工智能、大数据、生物等第四次产业革命核心领域人才，计划共培养1万人。

2018年9月，韩国政府计划自2020年起6年内总投资2万亿韩元用于推动韩国自动驾驶汽车产业的发展。其中，高端驾驶者保护装置零部件技术开发、传感器等核心零部件国产化等技术研发项目占投资的50%；大数据平台、自动驾驶汽车专用道路等与产业相关的基础设施建设占投资项目的50%。韩国政府投资资金支持自动驾驶汽车发展只是催化剂，真正目的是引导民间资本起主导作用，从而由下而上地推动韩国汽车产业的发展。高盛集团的预测数据显示，2035年全球自动驾驶汽车产业规模将由现在不足百亿美元暴增至2900亿美元。

2018年11月，韩国汽车产业召开了汽车产业发展委员会会议，要求政府出台措施应对处于困境中的韩国汽车产业，主要是以下几点：一是扩大税收支援，强化对弱势阶层的支援，激活国内汽车消费市场；二是缓解汽车零配件配套企业的金融负担，并扩大对企业的金融支援。韩国政府表示，将积极考虑以汽车零配件企业为中心，尽快出台支援政策。另外，11月，韩国还正式废止了“清洁柴油”的鼓励政策，决定补贴提前报废柴油车及购买环保汽车。

2018年12月，韩国积极推进中小企业智能化工厂建设，以此实现“中小企业制造强国”目标。为此，韩国政府提出计划方案：到2022年建设3万个智能工厂、10个智能产业园，以及10万名专业人才。具体内容：一是提供资金支持，由韩国产业银行、企业银行和中小企业振兴公团共同出资2万亿韩元支持中小企业智能工厂设备投资，并建立3000亿韩元的企业基金；二是鼓励韩国大企业积极参与，并列入“相伴成长指数”评价；三是加大对智能工厂设计建设企业的扶持力度。目前，韩国三星电子等大企业已经积极响应政府号召，其中三星集团成立了“智能工厂支援中心”，计划在5年内投资600亿韩元资助2500家中小企业建立智能工厂。

2018年年底，韩国政府召开了国民经济咨询会议全体会议，进一步确定了以价值创新引领产业发展政策，加快对产业政策的调整，以适应国内外环境的变化。目前，韩国最迫切的问题是革新和升级传统制造业产业，提高竞争力；实施以为未来增长创造动力为核心的经济革新计划，以实现产业政策革新，推动韩国经济稳定发展。

第三节　发展趋势

一、工业生产将实现小幅上升

韩国是全球第八大工业国，但受全球经济发展疲软、国际大宗商品价格呈下降态势、美元升值、韩国国内政治环境不稳定等因素的影响，韩国近年来内需不振,就业形势逐渐缩紧，工业、制造业持续萎靡。除了2014年、2017年，2012年以来韩国的GDP增长率几乎均在3%以下波动。2018年韩国的GDP较2017年仅增长了2.7%，未能实现延续2017年破3%的目标，并且2.7%的增长率是韩国近6年以来的最低值。但是，2018年韩国人均GDP有望达到3.1万美元，正式步入3万美元时代。同时，由于韩国半导体工业受到国际主要市场需求增加的影响，韩国出口额2018年全年较2017年同比上涨5.5%，高达6051亿美元，创造了韩国70年历史的最高值，带动韩国国内工业的小幅上升。

二、汽车行业动荡发展

2005年以来，韩国一直稳居全球汽车生产国第五的位置。2018年受韩元汇率上升、中美贸易争端及美国对进口汽车加征税的影响，韩国汽车出口贸易受阻，海外市场销售不理想。与此同时，韩国国内汽车的销量也受到进口汽车的挤压，比例不断降低，达到历史最低值。2018年韩国现代集团在世界财富500强中排第78名，较2017年上升6名。但受世界经济不景气、中美消费市场汽车需求不振等的影响，现代汽车的销量和利润不涨反降，净利润率和营业利润率的降幅更是高达64%、47%。2017年是韩国汽车产业动荡的一年，截至2018年12月，韩国汽车市场销量为17.2万辆，其中进口汽车销量占比高达16.8%。其中现代、起亚在中国和美国两大主要市场出现了较大的销量下滑，这主要是受到萨德事件的影响，但是随着中韩两国关系的不断好转，韩国汽车在中国市场的销量有望进一步向好发展。

三、出口贸易呈现上行态势

近两年，韩国主要产业竞争力后劲不足，同时受发达国家经济发展疲软、主要出口对象国——中国、美国的经济增速进一步放缓、贸易额不断下降等情况的影响，韩国进出口贸易增速放缓，进口市场也随之急剧萎缩，进出口贸易失衡，韩国经济发展的动力凸显危机。但是，2018 年韩国出口贸易发展取得新的突破，全年贸易额达到 1.1 万亿美元。韩国产业通商资源部的数据显示，2018 年韩国的贸易额高达 1.1 万亿美元，创历史新高。其中，贸易出口额突破 6000 亿美元，增长了 5.5%，是全球第六大贸易出口国；贸易进口额为 5350 亿美元，增幅高达 11.8%，从而实现了连续 10 年保持净出口国状态。这得益于韩国半导体产品受得到国际市场的高度认可和青睐，2018 年韩国半导体出口额高达 1286 亿美元，较 2017 年增长了 29%，创历史新高。

热点篇

第八章

中美贸易争端

作为全球前两大经济体，中美之间的贸易往来是两国双边关系的重要组成部分，关乎国际分工格局变化及全球产业链重构。2018 年以来，由美国单方面挑起的中美经贸争端一度愈演愈烈，继而转为双方磋商谈判，进入双方沟通协调阶段，对全球经济造成了一定程度的影响。

第一节　事件背景

一、中美贸易争端酝酿期（2017 年 8 月—2018 年 2 月）

1979 年中美建交和签订双边贸易协议。1989 年美国政府宣布对华实行经济制裁，中断了两国的高层互访。1995 年中美知识产权之争再起波折。1999 年美国轰炸中国驻南联盟大使馆，中美关系再度陷入危机。但从最近 10 年的两国关系来看，中美经贸更多地强调互利合作，而此次贸易争端由美国单方挑起并步步升级，试图遏制中国崛起之意明显。特朗普于 2017 年 8 月 19 日签署备忘录，要求美国贸易代表办公室针对中国开展 301 调查。中美贸易争端进入酝酿期。

二、中美贸易争端实战期（2018 年 3—11 月）

2018 年 3 月 23 日，美国贸易代表办公室发布了《基于 1974 年贸易法 301 条款对中国关于技术转移、知识产权和创新的相关法律、政策和实践的调查结果》，宣布拟对中国部分商品加征 25%的关税，中美贸易战开始。2018 年 6 月 15 日，美国对自中国进口的 500 亿美元商品加征 25%的关税，分两轮实施。第一轮于 2018 年 7 月 6 日对约 340 亿美元商品加征关税，第二轮于 2018 年 8 月

23日对剩下约160亿美元商品加征关税。2018年9月18日，美国宣布对第二批自中国进口的2千亿美元商品先加征10%的关税，于9月24日起生效，后再升至25%，于2019年1月1日起生效。中美贸易争端进入白热化阶段。

三、中美贸易争端缓和期（2018年12月至今）

2018年12月2日，在阿根廷召开的G20峰会上，中美两国元首达成了为期90天的贸易争端暂停协议（自2019年1月1日起）。根据这项协议，2019年1月1日后的90天内将不会新增关税。中美首脑同意暂停进一步加征新关税，美国1月份将维持对华2000亿美元商品关税税率在10%，但如果90天后未能达成协议，关税仍将提高至25%。中美贸易争端局势走向缓和。

中美贸易争端事件汇总如表8-1所示。

表8-1　中美贸易争端事件汇总

时期	时　间	主 要 内 容
酝酿期	2017年8月	特朗普签署备忘录，要求美国贸易代表办公室针对中国开展301调查
	2018年2月	美商务部披露232调查结果，认为钢铝进口现在可能威胁美国家安全
实战期	2018年3月	特朗普签署公告，旨在于3月23日起，分别对进口钢铁和铝产品征收25%和10%的税率（即232措施）。美国贸易代表办公室发布了《基于1974年贸易法301条款对中国关于技术转移、知识产权和创新的相关法律、政策和实践的调查结果》，宣布拟对中国部分商品加征25%的关税。中国商务部发布通知，就美国进口钢铁和铝产品232措施及中方应对措施公开征求意见
	2018年4月	中国国务院关税税则委员会发布清单，即对原产于美国的约30亿美元进口商品中止关税减让义务。美国贸易代表办公室发布了涉及500亿美元，1300个单独关税项目的进口产品惩罚关税（25%）清单。中国宣布对美500亿美元进口反制清单。在世界贸易组织争端解决机制下，中国向美方提出磋商请求，正式启动就美国进口钢铁和铝产品的232措施争端解决程序
	2018年5月	美国白宫决定，对自中国进口的价值500亿美元的商品征收25%的关税，并将加强对获取美国工业重大技术的相关中国和实体采取出口管制，采取具体投资限制
	2018年6月	美国宣布对500亿美元商品加征25%的进口关税，其中第一部分为约340亿美元中国商品。中国宣布对500亿美元商品加征25%的进口关税。特朗普宣称将对2000亿美元中国商品加征10%的关税
	2018年7月	美国对中国340亿美元商品开始加征25%的关税。美国贸易代表办公室公布了“301条款中国关税豁免程序”。中国对美国340亿美元商品开始加征25%的关税。美国决定，对2000亿美元中国产品加征约10%的关税

表 8-1　中美贸易争端事件汇总（续表）

时期	时　　间	主 要 内 容
实战期	2018 年 8 月	美国决定，提高 2000 亿美元中国产品的税率，由 10%提至 25%。中国国务院关税税则委员会决定，对原产于美国的约 600 亿美元商品，按照 4 档不同税率，加征 5%~25%不等的关税。美国决定，对 160 亿美元中国商品加征 25%的关税。中国决定，对 160 亿美元美国商品加征 25%的关税
	2018 年 9 月	美国政府决定，于 2018 年 9 月 24 日，对原产于中国的 2000 亿美元商品加征 10%的关税，并将于 2019 年 1 月 1 日上调关税税率至 25%。中国国务院关税税则委员会决定，对 2018 年 8 月 3 日发布的清单中，涉及的 600 亿美元进口商品自 2018 年 9 月 24 日加征 10%和 5%的关税
	2018 年 10 月	美国财政部的半年度汇率政策报告认为，除中国外，其他美国主要贸易伙伴也都没有操纵货币汇率。美国商务部宣布将福建省晋华集成电路有限公司列入美出口管制“实体清单”
	2018 年 11 月	中国降低部分商品的最惠国税率，主要涉及机电设备、零部件及原材料等 1585 个税目的工业品。美国商务部工业安全局出台了一份技术出口管制方案，拟管制 14 项涉及国家安全和前沿科技的技术出口，并就这一方案向公众征询意见。美国贸易代表办公室更新了 301 调查报告，指责中国政府支持的知识产权和技术偷窃活动还在继续
缓和期	2018 年 12 月	美国白宫发表声明称，特朗普和习近平进行了“非常成功的会晤”，特朗普同意 2019 年 1 月 1 日将商品关税维持在 10%。中国和美国同意进行 90 天的谈判，磋商技术转让、知识产权等“结构性”议题。中国国务院关税税则委员会决定，从 2019 年 1 月 1 日，对原产于美国的汽车及零部件等 211 个税目，暂停加征关税 3 个月
	2019 年 1 月	由中共中央政治局委员、国务院副总理、中美全面经济对话中方牵头人刘鹤率领的中方代表团抵达华盛顿，第六轮中美经贸谈判在 30—31 日举行

（资料来源：赛迪智库整理）

第二节　主要内容

一、反倾销反补贴

世界贸易组织的《1994 年关税与贸易总协定》等法律条文规定，基于出口国政府补贴的前提，进口产品能够以低价，或者采取倾销价格方式，进入进口国国内市场，从而对该进口国生产同类产品的产业造成实质损害或威胁的，为保护国内产业合法利益，世界贸易组织允许成员国使用反倾销、反补贴等贸易救济措施，恢复正常的进口秩序和公平的贸易环境。

美国对其认定为非市场经济国家的产品进行反补贴调查的主要法律依据是 H.R.4105 法案，也是作为其履行世界贸易组织争端解决机构的职责对 DS379 案（是美国商务部对我国矩形钢管、标准钢管、复合编织袋、非公路用轮胎四种产品发起的反倾销和反补贴调查）裁决义务的回应依据。H.R.4105 法案是美国对中国产品进行反补贴调查的依据，也为美国商务部对中国产品的双反调查扫除了国际法障碍，该法案对生效前和生效后的输美产品都将产生重大不利影响。

二、301 调查

美国《1974 年贸易法》第 301 条授权美国贸易代表可对他国的“不合理或不公正贸易做法”发起 301 调查，并可在调查结束后，建议美国总统实施撤销贸易优惠等单边制裁。这一调查自始至终都是美国主导，具有强烈的单边主义色彩。

因极强的单边主义色彩，301 调查曾引发了国际社会的强烈不满。美国彼得森国际经济研究所的高级研究员查德·鲍恩形容说，美国政府承担了 301 调查的警察、检察官、陪审团、法官等所有角色。美国对中国采取的 301 调查事件如表 8-2 所示。

表 8-2　美国对中国采取的 301 调查事件

事　件	时　间	主要内容
美国对中国第一次 301 调查	1991 年 4 月	1990 年，美国将中国列为知识产权“重点观察国家名单”。1991 年 4 月，针对中国专利法缺陷等问题，美国政府对中国发起 301 调查。历经 9 个月洽谈后，中美签订有关知识产权保护协议
美国对中国第二次 301 调查	1991 年 10 月	1991 年 10 月，美国对中国发起了市场准入的 301 调查，历经 12 个月、9 轮谈判后，最终双方签署《中美市场准入谅解备忘录》
美国对中国第三次 301 调查	1994 年 6 月	1994 年 6 月，继续以 301 调查为名义，美国要求中国完善知识产权保护，于 1995 年 2 月，双方达成第二个知识产权保护协议
美国对中国第四次 301 调查	1996 年 4 月	以中国对知识产权保护不力为由，最终双方达成第三个知识产权保护协议
美国对中国第五次 301 调查	2010 年 10 月	基于版权保护的文化产品市场准入问题，最终在世界贸易组织争端解决机制下，双方进行磋商得以解决
美国对中国第六次 301 调查	2017 年 8 月	美国先分两批对从中国进口的 500 亿美元商品加征 25%的关税，后又对 2000 亿美元中国输美产品征收 10%的关税

（资料来源：赛迪智库整理）

2017年8月，美国总统特朗普要求美国贸易代表办公室对中国开展301调查，这是美国对华实施的第六次301调查，并在2018年7—8月分两批对自中国进口的500亿美元商品加征25%的关税，2018年9月24日起，又对2000亿美元来源于中国的产品征收10%的关税。

美国贸易代表办公室分别于2018年3月和11月发布了两份301调查报告，认定我国存在不合理、歧视性行为。两份301调查报告内容主要围绕着技术转移、知识产权和创新展开，核心指向在于认为我国政府采取各种方式，如限定外资股权比例、入侵美国商务网络等方式获取美国技术，进而导致美国商业利益受损。11月301调查报告的新增信息主要包括两个方面：一是表明寻找到了我国不合理或者歧视性行为的最新证据；二是重点介绍了两家参与境外投资的公司，即Digital Horizon Capital和Oriza Ventures，认为其涉嫌获取美国先进技术。

两份301调查报告主要针对以下8个行业：航空、集成电路、信息技术、电子产品、生物技术、工业机械和机器人、可再生能源、汽车，这8个行业均属于"中国制造2025"重点发展领域。两份301调查报告透露了3层核心信息：一是指责我国政府过度参与经济活动；二是指责我国政府与国有企业及部分私有企业关系过于紧密；三是301调查重要出发点在于保护美国技术领先地位，以获取高额回报。

中美两国互加关税对贸易的影响已经开始显现，主要体现在以下几个方面：一是中美贸易争端对中国和美国的负向影响均已显现；二是抢出口的影响逐渐减弱；三是美国部分需求可能正在转向韩国、日本和中国台湾地区；四是转口贸易应对美国加征关税的现象有待观察。

三、232调查

2017年4月20日，美国总统要求美国商务部对进口钢铁产品开展232调查，并于2017年4月27日正式实施。2018年2月16日，美国商务部公布了232调查报告。报告认为，自中国进口的钢铁和铝产品，严重损害了美国的本土产业，导致美国国家安全受到威胁。基于此，美国商务部建议，对自中国进口的钢铁和铝产品实施关税、配额等进口限制措施。2018年3月8日，美国认定自中国进口的钢铁和铝产品威胁本国的国家安全，于3月23日对进口钢铁和铝产品实施232措施，即分别加征25%和10%的关税。2018年7月，以所谓的"国家安全"为由，美国对自中国进口的汽车及零配件实施232调查。

美国彼得森国际经济研究所的高级研究员查德·鲍恩认为，美国汽车已达到 80%以上的产能利用率，约 98%的乘用车需从欧盟成员国、日本等国家进口，因此以汽车危及美国国家安全为由，对中国开展 232 调查是站不住脚的。在缺乏理论和历史依据的前提下，美国政府随意扩大国家安全概念的范畴，其实质是违背常规法律限制，利用赋予总统行政权力的相关法条，实施贸易保护。

第三节 主要影响

2018 年以来，美国更步步紧逼，我国择机适度反制，使中美贸易争端愈演愈烈。如何应对美国对我国的制裁围堵已成当务之急，虽然中美磋商取得了阶段性成果，但也不能掉以轻心，还应保持与美国打持久战的心理。我们应综合思考，保持战略定力，跟踪美国最新经济社会动态，及时地、客观地、合理地分析相关信息对我国发展所造成的深层影响，沉着应对，同时更要坚定不移地扎实有序地稳步推进改革开放、经济高质量发展，加快制造强国、现代经济体系建设。在中美贸易争端中，我国应避免落入“特朗普陷阱”，被美国“牵着鼻子走”而不自知，自乱阵脚，忙于应对美国对我国的制裁措施，延滞制造强国建设。特别是，回顾中美贸易争端爆发至今，美国无疑次次都抢占先机，先发制人，最为关键的原因，就是美国通过普华永道、德勤、毕马威、安永等跨国企业，长期有重点、有部署地跟踪搜集我国关键经济社会信息，再加上布鲁金斯学会、彼得森国际经济研究所、卡内基国际和平基金会等美国知名智库多年来集中于“中国崛起”和“美中关系”研究，窥探我国“家底的厚薄”。

第九章

美国-墨西哥-加拿大协定

美国贸易代表办公室发布的《美墨加三国协议》，除美墨、美加所达成的附加双边协议外，还主要包括市场准入、数字贸易、原产地规则等30多个章节。

第一节　事件背景

一、《北美自由贸易协定》时期（1985—2017年）

自20世纪80年代初起，随着欧洲经济一体化进程日益加快，日本也开始日益紧逼美国、加拿大市场，相对减弱了美国、加拿大两国的国际经济地位和竞争优势，促使美国与加拿大双方意识到非常有必要加强双边经济贸易关系。1980年，在竞选美国总统时，里根就提出"北美共同市场"（包括美国、加拿大、墨西哥及加勒比海诸国在内）的设想。1983年，加拿大也提出，推动美加自由贸易区建设的设想。1988年6月2日，美国与加拿大正式签署《美加自由贸易协定》，为《北美自由贸易协定》奠定基础。1992年8月12日，美国、加拿大及墨西哥签署了《北美自由贸易协定》，并于1994年1月1日正式生效，同时宣告北美自由贸易区正式成立。北美自由贸易区当时成为世界上最大的区域经济一体化组织，其经济实力和市场规模都超过欧盟。

二、《美国-墨西哥-加拿大协定》时期（2017年8月至今）

2017年8月起，美国、墨西哥、加拿大进行了13个月的漫长谈判，经历7轮三边谈判、多轮双边谈判。在美国实力强大，墨西哥和加拿大"势"弱的背景下，各方博弈与妥协，最终达成《美墨加三国协议》。2018年11月，美国、墨西哥、加拿大三国领导人签署《美国-墨西哥-加拿大协定》，替代《北美自由贸易协定》。《美国-墨西哥-加拿大协定》是特朗普上任后达成的首个多边协定，标志着符合“美国利益优先”的新经贸规则的诞生，并为未来美国期望的世界贸易组织改革方向进行“定调”，进一步强化美国在国际经贸领域中的话语权。

《美国-墨西哥-加拿大协定》的演进路径如表 9-1 所示。

表 9-1　《美国-墨西哥-加拿大协定》的演进路径

时　期	时　间	事　件
《北美自由贸易协定》时期	1985 年	美加两国开始双边自由贸易协定有关谈判
	1988 年 6 月 2 日	正式签署《美加自由贸易协定》
	1989 年 1 月 1 日	《美加自由贸易协定》正式生效
	1992 年 8 月 12 日	美国、加拿大及墨西哥签署《北美自由贸易协定》
	1994 年 1 月 1 日	《北美自由贸易协定》正式生效
《美国-墨西哥-加拿大协定》时期	2018 年 8 月 21 日	墨西哥经济部长伊尔德方索·瓜哈尔多推迟与美方官员涉及重新谈判《北美自由贸易协定》的部长级会议
	2018 年 9 月 30 日	美国和加拿大达成的协议将把《北美自由贸易协定》作为三方贸易协议保留，三国首脑将在两个月内签署新协议
	2018 年 10 月 1 日	美国、墨西哥、加拿大达成三方贸易协议
	2018 年 11 月 30 日	美国、墨西哥、加拿大三国领导人签署《美国-墨西哥-加拿大协定》

（资料来源：赛迪智库整理）

第二节　主要内容

对美国、墨西哥、加拿大三国而言，它们都做出了一定让步，同时也将会有不同程度的受益，当然受益最大的无疑是美国。此次《美国-墨西哥-加拿大协定》较之《北美自由贸易协定》，其主要差异体现在原产地原则、工资水平、日落条款、乳制品和国家安全与汽车税等五大方面。

一、原产地原则

《美国-墨西哥-加拿大协定》生效后，将有 5 年过渡期，届时贸易区内三国制造的汽车组件比例将由目前的 62.5%升至 75%。同时规定由时薪 16 美元或以上的厂房生产 40%的汽车组件，以此来保障劳工收入，同时《美国-墨西哥-加拿大协定》还要求，最少 70%的汽车用钢材源自美国、墨西哥、加拿大三国。

二、工资水平

《美国-墨西哥-加拿大协定》强调，新协议下，享受零关税的40%～45%的汽车零部件，必须在时薪16美元以上的高工资区域生产。美国汽车研究中心的数据表明，目前墨西哥、加拿大的汽车行业的时薪分别在3.41～7.34美元、20.7～28.98美元。但约有30%的在墨西哥生产并对美国出口的汽车，都不符合新规的标准。这将导致“北美汽车生产新局面”：一方面，车企可以回迁生产至美国和加拿大地区，让消费者承担成本；另一方面，车企也可撤出北美地区，在欧洲等其他生产区域生产后，再在墨西哥进行组装，只缴纳仅是美国2.5%的汽车关税。

三、日落条款

加拿大总理特鲁多此前一再发誓要保存《北美自由贸易协定》第19章争端解决机制，而此次美加谈判也让特鲁多如愿以偿，日落条款按照前款保留下来。美国曾要求协议的签署方，以5年为一周期，再确认三方协议内容，但墨西哥和加拿大认为，这即将给《北美自由贸易协定》带来不确定性，导致商业投资和就业增长停滞，因此持强烈反对态度。而白宫最终让步，拿掉了这个不合理条件。新协定敲定后，有效期变成了16年，每6年重谈一次，任何一方不得撕毁。

四、乳制品

针对新自由贸易协定，加拿大放松了对美国乳制品交易的限制，取消“class 7”的乳品定价协议，向美国开放约3.5%的乳品市场份额。与此同时，加拿大政府也准备向受影响的奶农提供补偿。

五、国家安全与汽车税

在文本后的附信中，美国保留了其可以出于国家安全原因对全球征收25%汽车税的权利，但为加拿大和墨西哥都预留了大大超过目前产量的配额空间。具体而言，在美国开征全球汽车税的情况下，墨西哥每年可以获得汽车零部件豁免配额1080亿美元，加拿大可以获得每年324亿美元的汽车零件配额；同时，在整车方面，美国给予墨西哥和加拿大的配额均为260万辆。美国的数据显示，2017年，美国进口了总价值1920亿美元的830万辆汽车，其中墨西哥、加拿大分别是240万辆、180万辆，比较可以看出此次美国给墨西哥和加拿大的配额的规模均高于其产量，为其产业发展预留出空间。

第三节　主要影响

美国促成《美国-墨西哥-加拿大协定》，旨在通过拉拢中国以外的其他贸易主体，形成自己的贸易圈子，无异将中美两国推上了直接竞争的局面，导致他国陷于在中美两国之间只能选择其一的两难境地，同时也打击了中国在他国投资的热情。例如，该协定提出，国际投资仲裁不保护非市场经济国家国民所有或控制的企业，这实际意味着中国在墨西哥投资设立的墨西哥企业，如果再投资美国，并与美国政府产生纠纷，那么这个墨西哥企业由于是中国投资的，就无法援引该协定项下的国际投资仲裁来起诉美国政府。

第十章

5G 技术发展

从20世纪80年代以来，全球无线通信以每10年一个周期的进度经历了从1G到4G的变迁。1984年，基于模拟蜂窝技术的1G无线通信出现。1990年开始，2G主流技术标准GSM 和CDMA One相继发布，全球进入数字通信时代；2000年，国际电信联盟将WCDMA、CDMA2000、TD-SCDMA及Wi-MAX确定为3G的四大主流无线接口标准；2010年，TDD-LTE和FDD-LTE两种制式下的4G技术开始成熟并商用。5G，即第五代移动通信技术，也是4G之后的延伸。5G与4G最大的不同就在于，5G让智能的万物能够互联，实现了大规模机器间的相互通信。英特尔预计，到2020年，5G将需要连接500亿台智能设备和77亿人。

第一节　事件背景

5G 已经成为推动工业互联网的实施及智能制造的深化转型的关键技术，发挥"通信×计算×垂直行业"的乘法效应，赋能并倍数放大经济发展，并深刻影响全球产业分工和经济结构调整。在2018年年初，高通联合IHS Markit发布的《5G经济：5G技术将如何影响全球》提出，至2035年，5G将在全球创造经济产出达12.3万亿美元。2018年5月15日，赛迪顾问发布的《2018年中国5G产业与应用发展白皮书》指出，到2026年，中国5G产业链将达到1.15万亿元的市场规模，高出4G产业链总体市场规模增长的一半。2018年是5G发展的关键一年，5G甚至在未来几年内影响更为广泛的商业化走势。2018年度全球十大5G里程碑事件梳理如表10-1所示。

表 10-1 2018 年度全球十大 5G 里程碑事件梳理

名　　称	主 要 内 容
5G 运用于平昌冬奥会	2018 年 2 月 9 日，平昌冬奥会首次大规模面向全球展示 5G 技术应用场景：1218 架无人机排成奥运五环、同步直播、互动时间切片、360° VR 直播、自动驾驶等。平昌冬奥会 5G 网络的试商用使国际大事成为新一波技术浪潮的试验场
独立组网标准冻结	2018 年 6 月 14 日，3GPP 全会批准第五代移动通信技术标准（5G NR）独立组网功能冻结，加上 2017 年 12 月完成的非独立组网架构的 5G Release15 早期版本，5G 第一阶段全功能标准化工作完成
互联互通测试进展较快	2018 年 6 月 14 日起，爱立信联合英特尔完成异厂商互联互通测试，华为联合高通成功打通基于 3GPP R15 标准的 First Call（数据业务）。互联互通能够将不同厂商的不同产品融合为一体。5G 互联互通测试的加速，意味着 5G 网络可以走出实验室，走向现网，进行大规模部署
5G 技术和设备正逐步成熟	在 IMT-2020(5G)推进组组织下，中国已全部完成 5G 技术研发第三阶段非独立组网测试，独立组网系统测试进程过半
5G 专利费相继公布	5G 技术还没有完全问世，设备商纷纷公布 5G 专利费。例如，高通宣布，使用高通核心专利且只支持 5G 手机，将按照终端价格收取 2.275%的专利费，若支持 3G、4G、5G 手机，将会收取 3.25%的专利费用；使用高通核心专利加非核心专利，只支持 5G 的手机，将会收取 4%的专利费用，若要支持 3G、4G、5G 手机，将会收取 5%的专利费用等
韩国开通首个全球 5G 网络	在平昌冬奥会之后，韩国尽享 5G 红利，成为 5G 商用的先行军，于 2018 年 12 月 1 日，由 SK、KT 与 LG U+三大韩国运营商共同推出 5G 服务，构建了全球首个 5G 商用网络，继而美国、芬兰也纷纷架构 5G 网络
中国运营商确定中低频试验频谱	在业界期盼已久的频谱问题尘埃落定之后，中国电信、移动、联通三大运营商在全国范围内的规模试验正式开始
中国运营商发布 5G 策略	电信、联通、移动三大运营商都分别发布了“Hello 5G”计划、5G 终端战略、首批 5G 终端产品计划等 5G 策略，设立了明确的终端商用目标
3GPP 标准延迟 3 个月	2018 年 12 月，3GPP 提出推迟 5G 后续标准工作 3 个月，分别于 2019 年 3 月、6 月完成 R15 Late Drop、R15 Late Drop ASN.1
国际大运营商公布 5G 套餐	韩国开通 5G 服务后，芬兰、美国也陆续开通 5G 服务，并公布 5G 套餐，但 5G 资费价格很高

（资料来源：赛迪智库整理）

第二节　主要内容

一、三大场景

1. 增强移动宽带（eMBB）

eMBB 主要面向 3D/超高清视频等大流量移动宽带业务，发展 6GHz 以下及以上的频谱相关技术。而小型基地台将会是发展 eMBB 的重要设备，与 6GHz 以上频谱的毫米波技术需要小型基地台相比，当前 6GHz 以下的频谱，多是以大型基地台发展的传统网络模式为主，速度相对冲得更慢。

2. 海量机器类通信（mMTC）

mMTC 主要面向大规模物联网业务，将在大规模物联网上发展 6GHz 以下的频段，目前较可见的发展是 NB-IoT。以往普遍的 Wi-Fi、Zigbee、蓝牙等，回传线路主要靠 LTE（长期演进技术），属于小范围家庭用技术，随着 NB-IoT、LoRa 等大范围覆盖的技术标准出台，有望拓宽物联网的发展。

3. 超可靠低时延（URLLC）

URLLC 主要面向需要低时延、高可靠连接的业务，适用于无人驾驶、工业自动化等领域。智慧工厂的众多机器都有内在传感器，基于现有网络传输，从传感器、后端网络、下指令，再传送回机器本身的流程，将出现明显的时滞，易引发安全事故，因此 URLLC 将网络等待时间控制在 1ms 以下。

二、五大工业应用

1. 物联网

作为连接人、机器和设备的关键支撑技术，物联网随着工厂智能化转型越来越受到企业的高度关注。物联网与 5G 相辅相成，其应用落地依赖于 5G 各种场景下的无线连接方案，而 5G 技术标准成熟需要物联网应用需求的推动。在推动物联网落地过程中，5G 三大场景分别支撑不同的功能应用需求。例如，eMBB 能支撑起远程视频监控、视频会议等高带宽的应用场景；mMTC 能满足大量低功耗嵌入式终端的数据连接与传输需求；URLLC 可以将网络等待时间的目标压低到 1ms 以下，以支撑工业自动化控制过程中系统和设备对数据传输的实时性的诸多指标和要求。

2. 工业自动化控制

自动化控制的核心是闭环控制系统，它是制造工厂最基础的应用。在该系统的控制周期内每个传感器都进行连续测量，测量数据传输给控制器以设定执行器。基于华为 5G 的实测能力：空口时延可到 0.4ms，单小区下行速率达到 20Gbps，小区最大可支持 1000 万以上的连接数。由此可见，移动通信网络中仅有 5G 网络可满足闭环控制对网络的要求。

3. 物流追踪

在目前已成规模的机器对机器市场中，物流追踪的应用将包括人员跟踪和在途高价商品跟踪等。但高连接成本限制了该市场的增长。预计 5G 将在深度覆盖、低功耗和低成本（规模经济）及作为 3GPP 标准技术方面提供额外优势。5G 能够优化物流、提升工人安全等，同时还将实现动态跟踪更广泛的在途商品。

4. 工业 AR

未来工厂具有高度的灵活性和多功能性，AR（Augmented Reality，增强现实）能够快速满足新任务和生产活动的需求，运用于监控流程和生产流程等场景。其中，AR 设备仅具备连接和显示功能，通过无线网络连接云端，辅助 AR 设施需要具备较大的灵活性和轻便性。需要注意的是，无线网络的双向传输时延在 10ms 内的要求，LTE 网络无法满足，只能通过 5G 网络实现。

5. 云化机器人

智能制造需要机器人具备自组织和协同的能力，满足柔性生产，需要机器人满足对云化的需求。相较传统机器人，基于超高计算能力，借助网络，云化机器人能够连接到云端的控制中心，运用大数据和人工智能技术，实时运算控制生产制造过程。5G 网络能够为云化机器人应用提供端到端定制化的网络支撑，可以达到低至 1ms 的端到端通信时延，支持 99.999%的连接可靠性，是云化机器人的关键，能够极大满足云化机器人对时延和可靠性的挑战。

第三节 主要影响

5G 技术将对经济产生巨大影响，据测算，2020 年、2025 年、2030 年，5G 带动的直接产出分别为 4840 亿元、3.3 万亿、6.3 万亿元，年均复合增长率为 29%；5G 带动的间接产出分别为 1.2 万亿、6.3 万亿和 10.6 万亿元，年均复合增长率为 24%。另外，5G 商用中后期各垂直行业是网络设备支出的主要力量，据测算，预计 2020 年，电信运营商、各行业在 5G 网络设备上的投资分别超过 2200 亿元、540 亿元。自 2024 年起，运营商网络设备支出预计因网络越来越完善而将回落。同时，各行业在 5G 设备上的支出稳步增长，将成为带动相关设备制造企业收入增长的主要力量。2030 年，在 5G 设备上，预计各行业各领域的支出将超过 5200 亿元，在设备制造企业总收入中的占比接近 69%。

专题篇

第十一章

《2018 世界投资报告》述评

联合国贸易和发展会议发布的《2018 世界投资报告》显示，2017 年，全球 FDI 出现 23%的大幅下降，降至 1.43 万亿美元，其中，中国对外投资大幅下降 36%。《2018 世界投资报告》指出，2017 年全球 FDI 的大幅下降主要由跨境并购交易大幅下降 22%所导致，该数据与全球 GDP 及贸易增长加快形成了鲜明对比。我国应关注全球外商投资趋势的这一变化，营造良好的投资环境，制定公开、透明、非歧视的投资政策，推动加强国际产业合作。

第一节　主要内容

一、全球外商投资的主要特点

（一）发展中经济体已成为吸引外商投资的重要区域

2017 年，发展中经济体在全球 FDI 的比例从 2016 年的 36%上升至 47%，在全球对外投资中的作用日益凸显。虽然发展中经济体在外商投资总额（6710 亿美元）上仍然低于发达经济体（7120 亿美元），但从变化趋势看，发达经济体吸引的外资大幅下降了 37%。其中，英、美两国由于企业全年并购和重组事件的减少，FDI 流入分别下降了 92%和 40%。与此同时，发展中经济体中的亚洲地区、拉美和加勒比地区吸引外资稳中有增。拉美和加勒比地区依靠大宗商品、基础设施建设、信息通信技术和制造业，持续拉动了该地区的外商投资；亚洲地区的中国内地、中国香港和新加坡继续保持着投资吸引力。预计，2018 年全年非洲有望成为吸引外资最快的地区，亚洲和拉美地区将仍保持稳定的小幅上涨。

（二）发达国家依然是全球外商投资的主要来源地

2017 年，发达经济体跨国公司海外投资小幅下降 3%，降至 1 万亿美元，约占全球对外投资总额的 71%。其中，发达经济体中的欧洲和北美跨国公司（美国、加拿大）的对外投资有增有降，欧洲下降了约 21%，北美公司增长了 18%，美国仍是全球最大的对外投资国。英国的对外投资增长明显，数家跨国公司完成了大额的对外收购交易。日本、德国、法国等发达国家的对外投资也保持了较高水平。

（三）全球范围制造业吸引外资的能力仍有待提高

制造业跨境并购和总体新建投资金额在 2017 年的变动分别为-19%和-14%，制造业吸引外资的水平总体仍低于服务业。其中，制造业新建投资金额在 2017 年虽有小幅增长，但过去 5 年的数据显示，制造业新建投资项目已显著减少，特别是在亚洲、非洲、拉美和加勒比海地区。从具体行业来看，电力、交通、仓储、食品、建筑和信息通信行业的新建投资项目减少最多。制造业新建投资在高技术产业、自然资源相关产业和低技术产业三大领域中均呈现出明显下降的趋势，而且制造业占比也不及历史高点。制造业中能带来更大增加值、推动工业可持续发展的高技术制造业投资长期低迷势必会对亚洲和拉美的工业发展产生消极影响。而非洲地区支撑其工业发展的低端制造业，特别是纺织品和服装行业在过去几年中反而成为外资青睐的领域。

（四）各国出台的对外投资政策更趋保守

2017 年，全球有 65 个国家出台了至少 126 项政策措施吸引 FDI，其中 84% 的政策有利于投资者。针对交通、能源和制造业等领域，放宽了相应的准入限制，同时还通过简化行政程序和建立新经济特区来促进投资。在吸引对外投资的政策中，限制性领域主要集中在国家安全和土地及自然资源产权方面，部分国家通过对外国收购者进行严格审查来避免相应风险，特别针对战略投资和技术型公司收购者。投资协定的签署量大幅下降，2017 年新签署的国际投资协定仅 18 项，是自 1983 年以来达成数量最低的一年，且有效投资协定终止数量超过了新签订的数量。投资争端呼声高涨，争端数量增加，推动国际投资协定改革的诉求日益强烈。

（五）中国对外投资呈现出较大变化

受对外投资政策调整和外汇管理政策适度收紧的影响，2017年，中国对外投资自2003年以来首次经历下降（降幅为36%，降至1250亿美元），对外投资位居全球第三位，FDI流入量与2016年持平，达1360亿美元，仅次于美国，位于全球第二。《2018世界投资报告》指出，在对外开放政策和国内改革举措的推动下，中国吸引外资有望进一步增加，同时，随着“一带一路”倡议实施中的基础设施和制造业投资的带动，中国对外投资有望趋稳或反弹。目前中国在全球价值链参与率中位列全球第十位，中国作为跨国企业的亚洲区域总部和物流中心正在逐渐深度地融入全球价值链，特别是中国培育的数字型全球跨国企业正持续增长。

二、影响未来全球外商投资趋势的主要因素

2017年，构成全球外商投资的两个重要部分即跨境并购和新建投资均出现明显下降，未来作为投资活动主体的跨国公司在海外投资过程中必将受到多种因素的影响。

（一）积极因素

一是全球经济走势仍保持增长态势。《2018世界投资报告》指出，虽然全球经济增长动力略显不足，但短期内宏观经济仍将呈现增长态势，这也为2018年FDI的复苏预期奠定了基础。2018年以来，美国掀起了全球贸易战，势必会带来货物及服务进出口额的波动，目前中美间相互加征关税已经启动，影响将在下半年逐步显现。预计，2018年世界贸易3.8%的增长率恐难以实现，但新兴经济体和发展中经济体固定资本投资总额将大幅增加，从而拉动对外投资整体水平。

二是技术革新拉动企业海外研发投入。科技公司有望成为未来最活跃的海外投资者。《2018世界投资报告》指出，航空航天和军事国防工业公司更加注重技术研发和创新能力，法国、荷兰等发达经济体企业更加重视向印度等亚洲国家投资。在电信和互联网等科技型行业，在一些市场规模较大且尚未饱和的国家也存在大量投资机会。总体来看，发达经济体的投资需求主要集中在信息通信业、专业服务、医药和汽车等产业，而发展中经济体则侧重于食品、农业、信息基础设施等产业。

（二）消极因素

一是全球贸易紧张局势加剧。随着贸易保护主义思潮抬头，各大经济体均不同程度地受到影响，不确定因素的增加导致跨国公司取消或推迟投资。贸易战引发的高关税生效后将影响现有跨国企业的赢利能力，迫使企业重新寻求收益更高的对外投资领域，调整生产地从而规避贸易战带来的影响，进一步削弱了投资倾向。自 2013 年以来，全球跨境并购交易额保持上升趋势，但 2017 年遭遇大幅萎缩，三大产业部门的跨境并购交易额均有所下降，荷兰对外投资骤降1000多亿美元是欧洲跨国公司对外投资下降的主要原因，贸易局势的演变有可能进一步引发跨国公司减少未来对外投资额。

二是更为严苛的投资审查制度。近年来，美、德、澳等国频频使用“涉及国家利益、国家安全”等理由拒绝并购。美国外国投资委员会主要承担对可能影响美国国家安全的外商投资交易进行审查的责任。美国外国投资委员会的审查具有很大的主观性，其对国家安全的概念也没有明确的界限，审查结果的不确定性很高，对外国企业收购阻碍明显。此外，德国还计划推进欧盟层面更为严格的投资审查，加强对欧洲企业的保护，英国和意大利也正在启动更严苛的投资审查程序。

三是美国税收法案改革加速跨国公司利润回流。2017 年 12 月，随着美国大规模减税法案得到国会通过，全球 FDI 存量和流量都受到了重大影响，直接促使美国跨国公司释放了超过 3.2 万亿美元的累积海外留存收益。其中，很大一部分可能回流到美国。这种回流将导致对外直接投资存量下降和美国出现投资的净流入，并对全球其他国家的资本存量和流量产生相应影响。

第二节　启示

一、突破瓶颈，扩大国内产业开放范围与层次

我国一些核心产业，包括石油、石化、采矿、互联网、金融、证券、保险、电信等，开放度仍然不高。在部分领域，国内民营企业都很难参与，外国资本进入更是面临一定的障碍。随着我国进一步扩大对外开放，扩大国内产业开放范围及层次也将逐步提上议事日程。近期，我国已释放出扩大金融领域对外开放的重要信号，制造业对外开放的步伐也有望提速并迎来升级。所以，必须破除固有的体制机制障碍，去除行政管理导致的各种市场进入壁垒，探索建立重要产业领域的独资经营、股份合作等多种形式的合作机制，充分发挥市场经济主导作用。

二、注重引导，吸引外资进入国内高技术制造业

我国利用外资的规模、质量和水平虽然在逐年稳步提升，但制造业实际使用外资金额 2017 年同比下降 5.6%。可见，我国高技术产业吸引外资总体占比仍然较低。外资在高端制造业领域的快速流入，对国内相关产业将同时产生替代与互补性影响，既会影响我国企业的潜在竞争力，对企业的生存构成一定威胁，也将推动企业主动缩小自身技术差距，提升效率和赢利能力，提高行业整体发展水平，从长远看利大于弊。如今，外资进入我国重点产业领域，不应只是开拓产品市场，而是要将其引导到搭建创新平台、推进智能工厂建设、提供系统化解决方案等方向，通过优势互补，实现企业双赢，推动我国产业升级。

三、因势利导，调整对外投资目的地和产业结构

利用我国“一带一路”建设的契机，按照市场规律，选择对外投资目的地，合理调整我国内产业结构，鼓励与“一带一路”沿线国家进行项目投资和产能合作。要发挥不同国家比较优势特点创新合作方式，通过股权合资、技术参股等方式推动全产业链的产能合作。同时，大力促进基础设施建设项目、能源合作项目和产能合作的协调推进，借助与沿线国家的能源合作和基础建设，形成更具广度和深度的合作，提高与沿线国家共同应对各类风险的能力，保障企业到海外投资的合法权益。

第十二章

《欧盟企业在中国建议书 2018/2019》述评

2018 年 9 月 18 日，中国欧盟商会发布了一份名为《欧盟企业在中国建议书 2018/2019》（以下简称《建议书》）的报告。《建议书》根据欧盟商会 1600 多家会员公司提供的第一手资料编写，长达 394 页。主体部分共有 6 个章节，包括 33 篇建议书，828 项建议。《建议书》首先对欧方普遍关心的问题给出了总体性建议，之后围绕欧洲各行业企业普遍面临的法律、合规、环境、财税、投资、研发、标准、质量与安全、人力资源、知识产权 11 个横向议题和货物、服务和金融服务中的 16 个细分领域设立工作组提出各自相应的建议。一方面，这些建议基于欧盟商会自身利益的判断，主观色彩较浓；另一方面，部分建议具有一定的建设性，值得我们关注。

第一节　主要内容

《建议书》对我国政府在改善营商环境和扩大对外开放方面的工作给予了肯定。《建议书》认为，我国在环境污染治理、消费品关税削减、进口药品和医疗器械的市场准入审批制度、药品医疗创新保护及地方营商环境等方面有很大改善。在金融服务、汽车、造船和航空航天等领域，外资企业提出的长期发展建议也得到了有效采纳。针对外商投资，我国政府相关部门还出台了多项实质性改革政策举措，包括取消外资股比限制、降低关税等，这些举措为欧洲企业在我国的发展解决了很多问题，受到广泛欢迎。

《建议书》总体上肯定了我国政府继续改革开放的意愿。欧方对我国政府在过去一年取得的相关进展表示欢迎，表示我国政府一再重申我国致力于成为全球化的捍卫者，这一态度受到了欧洲企业的欢迎。欧方认为目前已出台的许多举措表明我国的改革确实走在了正确的方向。但同时，欧方也提出我国政府必须加快改革步伐，加大开放和改革力度，使改革政策落到实处，着手弥补政策与执行之间日益扩大的差距。

《建议书》以工作组建议的形式提出了对各个产业领域关于政策制定、经营和市场竞争方面存在的问题。《建议书》指出，“高达 19%的欧盟商会会员感到曾被迫以技术转让换取市场准入”，欧方认为，我国缺乏对等的开放投资政策，相关产业规划在实施中存在不透明和使用非市场手段等一系列问题。欧方质疑我国改革开放的步伐正停滞不前，并将中美贸易争端的根本原因归结于我国改革开放步伐没有跟上快速发展的经济，产生了“改革赤字”，并殃及欧盟在中国企业的利益。《建议书》指出，要通盘考虑推动改革进程，充分发挥市场的力量，创造一个真正开放和竞争的环境，促进企业和经济的繁荣发展。

另外，《建议书》中还提出了欧盟企业最为关切的四大类问题。

第一类问题：企业经营中面临的牌照限制、行政审批和市场准入问题。

一是牌照限制是欧盟企业在中国经营中面临的监管障碍。特别是在金融投资、农业及食品、医疗器械和通信产业中亟待解决。欧盟企业理解发放牌照的目的主要在于规范企业经营行为，以符合特定法律法规标准，但欧盟商会提出欧洲企业特别是在电信行业中未能享受中国市场带来的机遇，互联网内容提供商、IRC（互联网中继聊天）、云计算等增值电信业务牌照是欧洲信息与通信技术企业在《建议书》中提出诉求的主要业务领域。

二是行政审批复杂，增加了欧盟企业的经营成本。《建议书》认为这一问题普遍存在于汽车、通信、医药、环保等领域，烦琐的行政流程和行政管理费用对于资源有限、行政法律机构不健全的中小企业而言，格外加重了企业经营和对中国投资的难度。此外，外国人才流动中的行政审批手续也对研发活动的开展具有不利影响。

三是市场准入壁垒降低了欧盟企业参与我国市场的可能性和积极性。市场准入是《建议书》中重点提出的问题，它通常与牌照限制、负面清单、行政手段、差别待遇等方式共同作用，阻碍欧盟企业在中国开展业务，阻碍企业追加海外投资的动力和转让专业技术的可能性。欧盟提议，减少不明确的市场准入和行业门槛限制，采取国际通用规则进行评估。

第二类问题：市场竞争中存在的政府采购不透明、国有企业保护、不平等和不公正待遇问题。

一是政府采购透明度不高增加了欧盟企业对参与项目公平性的质疑。《建议书》指出，我国“一带一路”相关项目的采购和招标近 90%由中资企业获得，同时，在地方采购政策中有“严格控制进口高值医用耗材使用”的提法，这些情况都会造成采购机会向本土企业倾斜。因此，《建议书》建议要提高采购过程的透明度，将采购政策与国际惯例接轨，根据成本、更换效率、使用寿命等综合评估采购商品的价值。

二是国有企业获取资源和资金的额外扶持阻碍欧盟企业参与健康的市场竞争。《建议书》认为，当前我国国企改革侧重于巩固扩大国有企业规模，国有企业大规模地使用便利的资源和资金，对私营部门将会产生更多的挤出效应，不利于资金流向更加高效的经济部门。同时，接收到这些额外扶持的国有企业还有破坏正常市场竞争的嫌疑，对外资企业参与公平竞争造成不利影响。

三是外资企业身份的特殊性使其迫切希望获得与本土企业相同的法律地位。《建议书》指出，目前国际企业仍需注册为外商投资企业，在法律层面上与本土企业是有区分的，必须通过制定统一的《公司法》平等对待国内外企业。特别是在新能源汽车优惠政策方面、中小企业发展方面，欧盟企业明显感到和本土企业不同的区别待遇。

第三类问题：政策制定监管中面临的意见征集与沟通、监管职责重叠和跨部门沟通、政策透明度、规章制度和执法的不明确和不可预测性问题。

一是意见征集与沟通不充分、不及时，导致政策制定无法满足各相关利益方的需求。《建议书》中提出欧洲企业在新政策具体执行时往往缺乏具体指导意见，对一些细节和技术性问题感到无从下手。同时，外资企业在政策制定前期往往未被纳入征求意见对象范围，对新出台的政策仍然感到措手不及。

二是多部门重叠监管和跨部门沟通在降低监管效率的同时也产生监管灰色地带。以危险品的储存运输为例，这项业务同时受到消防局、安全生产监督管理及铁路运输部门的管理，然而对于不同的危险品，各监管部门对于危险品的认定范围和运输规定又有很大不同。因此，《建议书》建议，需从全国层面重新评估货物的分类和管理方式，这对于外资企业参与国内业务及本土企业提高运营效率均有益处。

三是政策法规的透明度和明确性不足，增加了欧盟企业的合规风险。特别是在食品饮料新产品、化妆品成分等领域，管理条例缺失或含糊，标准不透明导致外资相关企业无法筹备向中国市场投放商品，也间接地阻碍了消费品市场的进一步丰富和繁荣。

第四类问题：网络安全、知识产权和标准制定特定问题。

除以上三类问题外，《建议书》还特别针对网络安全、知识产权、标准制定和中小企业议题进行讨论提出了建议。网络安全中的数据跨境传输问题、知识产权相关法律的执行问题、外资企业获得国家研发支持、制定国际通行标准等问题都是欧盟企业重点关注的，也是推动制造业和通信业融入全球市场、吸引外商投资亟须解决的问题。

第二节 启示

针对《建议书》中所谓的我国陷入“改革赤字”等说法，我们认为这些说法较为片面、有失公正，同时我们也应理性看待欧方指出的部分问题，积极寻求解决途径，更好地推动国内产业良性发展。我们给出以下建议。

随着我国释放出的改革开放信号不断增强，应在产业领域出台更多实质性举措，进一步推动改革。应该看到我国改革开放40年以来对外开放的步伐不断加快，开放带来的发展引起了世界的瞩目。事实上，自2018年4月海南博鳌论坛到11月首届中国国际进口博览会，我国正不断提出扩大开放新举措，向世界释放了开放包容的积极信号，我国改革开放的进程正不断加快，其中很多措施已落地并初见成效。不过，还需进一步围绕《建议书》中欧盟企业提到的具有改革深度和讨论空间的产业领域，坚持市场化改革方向，建立对于相关问题的响应和研究机制，出台实质性举措。

注重发挥市场作用，为国内外企业积极营造公平、透明、互信互利的营商环境。在尊重市场经济规律的前提下，推进供给侧结构性改革，紧跟全球技术变革趋势，充分利用外商投资资源，实现经济高质量发展。加大放开制造业和服务业等竞争性领域对外资股比的限制，消除阻碍产业提升的外资市场准入壁垒，继续化简外商投资中的行政审批流程和牌照申请流程。加快在全国推行自由贸易试验区试行过的外商投资相关做法，为地方的产业发展营造更好的环境。加大营商环境改革力度，清理并减少各类企业经营活动中的检查和罚款，建立涉企收费目录清单制度，规范中介机构和行业协会的市场行为活动。对技术研发型外资企业的互联网限制问题考虑相应解决方案。

制定完善相关产业法律法规，确保各行业在法律框架下自由高效运行，实现行业自我保护。加快内外资法律法规的协调一致，制定新的企业法律和外资基础性法律。评估涉及外资的法律法规和政策文件的实效性，对与国家扩大对外开放大方向和大原则不符的法律法规或条款，要及时废止或修订。外资企业准入后，按照《公司法》对内外资企业一视同仁、平等对待，既要做到法律上平等，也要兼顾在项目申报、资金支持等扶持政策上一致。在政策法规的制定过程中，充分纳入市场各参与方的相关利益和诉求，提高外资企业在政策法规标准制定中的参与度，降低企业的合规风险。

第十三章

《美国先进制造业领导力战略》述评

2018 年 10 月，美国国家科学技术委员会下属的先进制造技术分委会针对美国先进制造业发展，抛出了《美国先进制造业领导力战略》(Strategy for American leadership in advanced manufacturing)(以下简称《战略》) 。《战略》提出了新阶段美国引领全球先进制造的愿景与目标，重点紧密围绕如何激活美国制造的创新力，维持美国在全球先进制造业的竞争力，确保美国国家安全和经济繁荣展开论述。《战略》指出了美国未来高端制造的制高点，对我国加快制造强国建设具有重要的借鉴意义。

第一节　主要内容

一、厘清八大因素——主宰美国先进制造业的创新和竞争力

先进制造包括制造新方法和通过创新实现新产品生产，是美国经济增长的“主引擎”。但随着新技术、新产品、新应用不断升级换代，美国先进制造业的创新和竞争力均略显动力不足。《战略》明确指出，美国先进制造业的创新和竞争力主要受制于以下八大因素：技术高速发展及与经济因素紧密融合挂钩度、技术性基础设施保障度、知识产权的可靠和可预测度决定先进制造业投资、新兴市场与出口和贸易对先进制造业的反推力、贸易政策保护度、国防工业基础稳固度、STEM(Science、Technology、Engineering、Mathematics，科学、技术、工程、数字) 教育发展度、联邦及地方州机构对营商环境的营造度。

二、锚定技术目标——开发和转换新的制造技术

新兴技术能强有力地推动先进制造业发展，更能带动先进制造业发生颠覆性变革，为先进制造业“由大变强”赋能。《战略》指明，美国先进制造业以“开发和转换新的制造技术”为技术战略目标，具体分解为捕捉智能制造系统的发展前景、研发全球领先的材料和加工技术、以国内制造保障医疗产品、保持电子设计及其制造的领导地位、增加粮食和农业制造业的机会五大目标，再细分成智能制造与数字制造、先进工业机器人等 15 个子目标及各个目标 4 年行动计划保障与优先支持事项。

三、锁定劳动力靶向——教育、培训和连接制造业劳动力

劳动力是制造业创新发展的动力源泉，其中引培（引进和培训）具备 STEM 知识储备的劳动力，更是政府助力先进制造业等新兴技术蓬勃发展的重要途径。《战略》提出，“教育、培训和连接制造业劳动力”为美国先进制造业劳动力的供给目标，具体划分为引进与培育未来制造业劳动力、更新和拓展职业技术教育途径、推动学徒制发展并普及其行业认可证书、将熟练工人与所需行业相匹配四大目标，再细分为基础 STEM 教育、职业技术教育等 9 个子目标及各个目标四年行动计划保障与优先支持事项。

四、定位供应链方向——扩大国内制造业供应链的能力

确保供应链安全，特别是建立并实施“弹性供应链”，是先进制造业可持续健康发展的强力保障。《战略》认定，美国先进制造业供应链方向是“扩大国内制造业供应链的能力”，具体划分为增加中小制造企业对先进制造业的支撑作用、构建制造业创新的生态系统、加强国防制造业基地建设、发展农村社区的先进制造业四大目标，再细分为拓展供应链、网络安全拓展和意识等 11 个子目标及各个目标四年行动计划保障与优先支持事项。

第二节　启示

一、以制造新供给有效对接新需求

《战略》提出，制造业是向市场提供有价值的产品或服务而进行的生命周期服务活动。这表明，美国已意识到，制造业产品供需应有效匹配。我国供给侧结构性改革已取得明显成效，但仍需采取适当措施，确保供需平衡。一方面，调整制造业产业结构，引导消费品制造业向个性化、智能化、品质化、时尚

化、品牌化、绿色化方向发展，推进创意设计与消费品制造业融合发展，运用移动互联网、大数据、生物、新材料等新技术创新消费品种类。另一方面，促进各类品牌公共服务机构发展，健全完善支持开展品牌价值评估等品牌价值发现机制，着力提高消费品有效供给能力和水平。

二、以高质量投资促进先进制造业发展

《战略》提及制造业存在投资失衡特别是基础投入不足问题，同时有针对性地提出了若干实施建议。我国当前也需采取有效措施化解此类问题，夯实制造业基础。应降低社会资本参与先进制造业基础建设投资门槛，消除招投标流程中对不同所有制企业设置的各类不合理限制与壁垒，以制定并落实电信等项目合作，以及探索成立增信便利基金等重点产业领域投融资方式，鼓励社会资本以股权、债券等形式重点参与先进制造业的发展。此外，重点扩大工业机器人、半导体、增材制造、高性能材料等关键领域和薄弱环节的投资力度，加大对人工智能标准、金属成型、焊接工艺和技术、机床与模具等基础研究及早期应用研究的投资强度，促使资本从低效率传统产业加速流向高效率新兴产业。

三、以加强“自主可控”能力提升产业链弹性

《战略》指出，美国应聚焦发展先进制造业；规避新旧动能脱钩或替代的风险；确保国内“供应链安全”。我国正处于新旧动能转换及高质量发展的关键期，更需将产业发展重点聚焦先进制造业，增强集成电路等“自主可控”能力，特别是加快实现关键核心技术原创性突破，推动钢铁等“僵尸企业”“僵尸资产”出清，鼓励高性能材料等先进制造业实行跨产业兼并重组，实现新旧动能有序“平滑过渡”转换。此外，警惕“在国内创新、在国外制造”致使制造业“空心化”发展态势，推动中小企业融入先进制造业产业供应链体系，构建强有力的“弹性供应链”，防御因突发事件而引致供应链断裂的风险，提高我国未来制造业产业体系的安全性与完整性。

四、以加大知识产权保护力度有效调动对先进制造业研发的积极性

《战略》中言明，知识产权对于先进制造业的发展极为重要。然而我国的知识产权保护制度体系较为滞后，应加快推动专利法修改，重点引入惩罚性赔偿等措施，清理不利于知识产权保护的规章等，推动国家知识产权局与相关部门综合运用审查授权、司法保护、行政执法、仲裁调解等手段，加大对盗版等各

类侵权行为的惩治力度，增强知识产权保护中心的业务处理能力，实现快速审查、快速确权、快速维权的协调联动，提高对知识产权特别是专利、商标及商业秘密的保护效果。

五、以提升政府采购针对性加快先进制造业的发展

政府采购有利于加快先进制造业产业化进程，《战略》中毫不避讳地提出，美国联邦机构均应提高“购买美国货”法律的执行力。我国也需紧随先进制造业发展步伐，再调整与创新当前政府采购制度，尽快完善并制定出台《政府购买服务管理办法》《政府采购信息公告管理办法（修订）（财政部令第 19 号令）》等，重点强调遵循节能环保政策、支持新兴产业及中小企业发展等原则，调整购买性支出结构，合理设定政府采购对中小企业产品服务的最低份额，通过首购、订购等购买方式，制定优先购买工业软件、半导体、高性能材料等国内先进制造业产品制度，推动战略性新兴产业科技研发成果有效转化。

六、以构建高层次人才队伍梯队提高劳动力供需匹配度

《战略》中特别强调，是否具备 STEM 技能成为未来制造业人才发展的关键。此次中兴及福建晋华被禁售事件警醒我们，我国目前存在工业软件等人才特别是尖端人才供需失衡问题，需引导高校及职业技能院校的学科、专业设置突出创新意识和实践能力，提高 STEM 人才培育与其所从事的工作之间的切合度。此外，还要搭建动态人才绩效评估体系，提升人才引进和培训目标与先进制造业发展方向的匹配度，为建设制造强国锻造优秀的人才队伍梯队。

第十四章

《2018 年全球竞争力报告》述评

世界经济论坛于 2018 年 10 月 17 日发布了《2018 年全球竞争力报告》。《2018 年全球竞争力报告》采用全新方法捕捉第四次工业革命中全球经济动态，重构全球竞争力指数，对全球 140 个主要国家与地区的竞争力进行评估，除充分肯定各国已取得的显著成效外，也直击每个国家竞争力表现中的一些软肋，为我们评判中美竞争力提供了一定的参考。

第一节　主要内容

一、中国竞争力优势领域

一是市场规模。《2018 年全球竞争力报告》反映出，中国“市场规模”排名优于美国，其中，“GDP”“进口”两大指标排名分别高出 1 位、6 位。这表明，中国经济对世界经济增长的贡献率已超过美国，且虽受国家重在以内需拉动经济增长等发展战略的影响，中国“进口”仍较美国处于优势地位。

二是信息技术采纳。《2018 年全球竞争力报告》显示，中国“信息技术采纳”排名优于美国，其中，“光纤互联网订阅”排名高出美国 33 位。这说明，在当前 4G 乃至 5G 移动通信技术和高速光纤互联网络技术快速发展的环境下，中国互联网+行动计划等不断助力企业智能化、数字化发展，提升居民生活便利度，推动信息技术特别是光纤互联网技术与企业生产经营活动、大众生活有机融合。此外，《2018 年全球竞争力报告》还呈现出，中国的“保健”也是优势领域，但所包括唯一的“预期健康生命”指标排名仅高出美国 3 位，故两国该领域的发展水平差距不大。

二、美国竞争力占强领域

一是劳动力市场。《2018 年全球竞争力报告》反映，美国在“劳动力市场”方面具有优势，12 项细分指标排名都高出中国，其中，“劳动税税率”“裁员成本”排名分别高出中国 113 位、109 位。一方面，这表明，中国个人所得税偏高。另一方面，受供给侧结构性改革或产业市场人才供需不匹配等影响，中国企业已聘用的员工或受国家政策调节或难以胜任工作，遭企业辞退的概率偏高，产生过多的“裁员成本”费用。

二是技能。《2018 年全球竞争力报告》显示，中国在“技能”领域落后于美国，9 项细分指标排名均低于美国，其中，“平均受教育年限”排名相差 92 位，“学校预期寿命”排名比美国低出 55 位。这说明，中国还有待于进一步加强教育普及工作，同时国内学校特别是职业技能学校的办学实力偏弱，使可持续健康发展能力受限。

三是制度环境。《2018 年全球竞争力报告》表明，中国的“制度环境”体系建设总体水平较美国滞后，其中，“社会资本”与“新闻自由”排名分别相差 116 位、100 位。但中国的“凶杀率”“恐怖主义发生率”排名分别高出美国 77 位、17 位。这指出，我国当前存在两点现实情况：一是居民的投资心态偏谨慎，储蓄投资意愿不强；二是社会透明度偏低部分源于新闻等非正式行为准则约束，但也部分反映出“新闻自由”与“凶杀率”“恐怖主义发生率”等或存在些许内在的关联性。

第二节　启示

一、客观分析，理性处理

《2018 年全球竞争力报告》的评估结果确实能部分反映出中美两国竞争力的强弱水平，但基于 GCI 4.0 中 98 项指标的覆盖范围有限，以及所涉及指标数据选取的精准性等因素考虑，其仍存在评估方法偏颇的可能性，故应理性看待《2018 年全球竞争力报告》的评估结果，既不过度夸大其作用亦不应轻视评估结果，更无须过度解读美国此次竞争力再登榜首，以及技能等优于中国之评判结果。

二、精准施策，补足短板

一是加快完善并推进《个人所得税专项附加扣除暂行办法（征求意见稿）》的落实实施；进一步制定完善奖励发明创造、知识产权评估作价、知识产权收益分配等相关政策。

二是建立政府违约追责机制，解除社会资本参与投资的后顾之忧，有效调动社会资本投资积极性；探索成立增信便利基金、新旧动能引导基金等重点产业领域投融资方式，鼓励社会资本以股权、债券等形式重点参与先进制造业的发展。

三是预测并制定产业人才特别是涉及人工智能等战略性新兴产业人才需求计划。

四是引导高校的学科、专业设置突出创新意识和实践能力，推动职业技能院校以面向市场、促进就业为导向，培养更多能工巧匠，为经济高质量发展培育高质量人才。

三、多措并举，做强长板

一是寻求机会参与构建国际经贸新秩序，加快亚太自贸区、区域全面经济伙伴关系、中日韩等大型自贸区协定谈判，推动与“一带一路”沿线国家展开产能合作，鼓励企业“走出去”，通过跨境投资、技术对接、创新合作等方式拓展海外新市场。

二是抢占战略制高点，狠抓大飞机、两机专项、集成电路等重点工作，推动互联网、大数据、人工智能与制造业深度融合，打造国家更强的核心竞争力。

三是借鉴美国最近发布的《美国先进制造业领导力战略》，制定实施新一代信息技术等重点产业技术创新路线图，明确技术演进趋势和路径，合理配置和集成科技创新资源；加快先进制造业重大技术标准研究和制定，加强重点产业知识产权保护和专利布局。

展望篇

第十五章

权威机构对世界工业的预测

针对世界工业经济发展态势，基于相应的评判标准，国际货币基金组织、经济合作与发展组织、联合国、中国社会科学院等权威机构纷纷对世界经济增速、影响因素、存在的风险等进行了分析与预测，仁者见仁，智者见智，各有亮点，各有可取之处。

第一节　国际货币基金组织的主要观点与述评

一、主要观点

（一）全球经济增速预测下降

2019 年 1 月，国际货币基金组织发布了《世界经济展望》报告，提出 2019 年及 2020 年的全球经济增速分别为 3.5%、3.6%，相比于上一期的预测，分别下调了 0.2%和 0.1%。具体而言，新兴市场和发展中经济体 2019 年的经济增速预计将小幅降至 4.5%（2018 年为 4.6%），2020 年将升至 4.9%。其中 2019 年的经济增速比上期预测下调了 0.1%。发达经济体的经济增速将从 2018 年的 2.3%下降到 2019 年的 2.0%和 2020 年的 1.7%，相比上期预测下调了 0.1%。其中，欧元区的经济增速将从 2018 年的 1.8%下降到 2019 年的 1.6%（比 2018 年秋季预计的低 0.3%）和 2020 年的 1.7%；美国的经济增速预计 2019 年将下降到 2.5%，2020 年进一步降至 1.8%，与上期预测保持一致；而日本的经济增速 2019 年将达到 1.1%，比上一期的预测高出 0.2%。

（二）经济增速预测下调的原因

《世界经济展望》报告指出，全球经济增速预测之所以被下调，主要有以下两方面的原因。一是2018年发达经济体的经济增速下降持续快于之前的预期；二是阿根廷、土耳其的经济收缩及贸易措施等对其他新兴市场产生冲击，使得新兴市场和发展中经济体 2019 年的经济增速暂时放缓，2020 年重回快速增长轨道。

发达经济体的增长率估计值下降主要源于欧元区的经济增速下调。而德国、意大利及法国等经济体的2019年增速下调对整个欧元区的影响最大，相比上期预测分别下调了 0.1%、0.6%、0.4%。其中，德国的增速下调源于私人消费疲软、工业产值下降、国外需求不足等国内外因素；意大利的增速下调源于国内需求不足、借贷成本过高；而法国的增速下调则源于“黄背心”等暴力抗议活动、工业行动带来的负面影响。

新兴市场和发展中经济体 2019 年的增速暂时下调主要是受到土耳其及阿根廷相关政策的影响。其中，土耳其实施的紧缩政策要求其对有限的外部融资条件做出调整，这就使得其 2019 年的经济增长大幅下降，2020 年逐步复苏；而阿根廷为减轻失衡，同样实行收紧政策，此举必然会减少内需，造成2019年暂时性的经济增长放缓。

（三）全球经济面临的风险

贸易局势紧张。《世界经济展望》报告指出，尽管美国、墨西哥、加拿大新贸易协定的签署、中美双方暂时停止加征关税等事件有助于缓解贸易争端，但中美贸易争端仍然是持久战。政策的不确定性及贸易矛盾的升级可直接导致关税壁垒增加，最终产品价格高昂。而对贸易紧张局势升级的担忧则会导致商业投资减少、生产效率缓慢增长，影响企业的长期发展，甚至是投资者的情绪，最终抑制经济增长。

金融市场情绪转变。《世界经济展望》报告指出，对贸易紧张局势、政府政策变化等的担忧，造成2018年下半年股票价格下跌。而世界主要系统性经济体一系列催化事件的不确定性使得投资者的情绪更加不稳定。其中，意大利、英国、中国对金融市场情绪的影响较大。意大利居高不下的收益率给银行带来不少压力，造成债务动态恶化；英国脱欧协议尚不确定的最终结果、对欧元的怀疑态度引起投资者广泛的避险情绪；而中国与美国的贸易争端扩大、收紧金融监管政策，使得2019年预计经济增长减缓，对该现象的担忧可能引发金融大宗物品的抛售行为。

扭转经济增长势头的政策建议。《世界经济展望》报告指出，在全球经济面临下行风险、各国政策有限的情况下，需要多边合作和国内政策的配合，防止经济增速进一步下降，提高经济韧性。一是多边合作。各国要抓住近期有利发展的趋势，积极开展合作。在贸易方面降低成本，在防止关税提高、贸易争端升级的基础上解决分歧；在一系列问题上达成合作，如推出金融监管改革、加强全球金融安全网的建设、减少跨境避税渠道等；在应对全球性问题上达成一致，如如何缓解、适应全球气候变化，从而降低极端天气对人类健康、社会经济造成的负面影响。二是国内政策。各国应从生产力、货币政策、财政政策等方面防范经济过度波动引发的动荡。目前，发达经济体面临着从较高增长率下降到较低潜在水平的趋势。因此，在生产力方面，需要革新技术，提高生产效率，加大劳动参与度，并为劳工提供相应的社会保障；在货币政策方面，确保通货膨胀预期得到有效锚定；在财政政策方面，建立缓冲，保证在政策作用有限的情况下及时应对衰退。另外，新兴市场和发展中经济体也面临着贸易局势紧张、美元升值、资本外流等挑战。因此，在解决私人债务问题方面，必须建立完善的宏观审慎框架，同时配合灵活的汇率应对外部冲击；在货币政策方面，确保通货膨胀预期锚定准确，保证为国内经济提供有效支持；在财政政策方面，维持债务比率在困难的国外经济状态下仍能持续。

二、述评

《世界经济展望》报告指出，全球增长弱于基线预测的一个来源是中国经济减缓幅度比预期更大。这表明，中国与美国的贸易争端，以及中国为控制“影子银行”所进行的一系列金融监管收紧政策对全球经济造成了不利影响。对此，中国应该从不同方面做出调整应对危机：控制金融监管收紧幅度，通过下调银行存款准备金率注入流动性，增强经济增长的动力；加强对公用设施的投资力度，从而拉动财政刺激；降低关税，进一步开放中国的服务业市场，特别是金融服务业，并加强知识产权保护；维护多边主义原则，维护现存的国际秩序，增强在国际组织中的话语权。

《世界经济展望》报告还提出，发展中经济体的增速放缓很大程度上受到阿根廷及土耳其相关政策的影响。这表明，在美元不断升值、美联储加息的大环境下，两国靠外债和货币政策刺激经济发展的做法获得了适得其反的结果，而目前两国正在试图实施货币收紧政策稳定汇率。对此，面对目前美联储加息、各国汇率崩盘的状态，中国应该从以下方面防范风险：完善人民币形成机制，必要时进行汇率干预，稳定国内的金融市场；加强外汇管制，限制投机资本对中国财富的掠夺；加快产业结构的转型、优化升级，推动战略性新兴产业、现代服务业、高端制造业的发展，培育经济增长的新动能。

第二节　经济合作与发展组织的主要观点与述评

一、主要观点

（一）全球经济增长放缓

2018 年 11 月，经济合作与发展组织发布了《全球经济展望》报告，预计 2019 年与 2020 年全球整体的实际经济增长率均为 3.5%，相比上一期的估算，下降了 0.2%。

具体而言，欧元区 2019 年的经济增速预计将小幅降至 1.8%，2020 年将降至 1.6%。2019 年的经济增速比上期预测下调了 0.1%。其中，意大利 2019 年的经济增速将降至 0.9%；英国 2019 年的经济增速将小幅上升至 1.4%，2020 年将降至 1.1%。

经济合作与发展组织预计美国 2019 年的经济增速将从 2018 年的 2.9%下降至 2.7%，2020 年进一步下降至 2.1%；中国 2019 年的经济增速从 2018 年的 6.6%下降至 6.3%，2020 年进一步降至 6.0%；日本 2019 年的经济增速从 2018 年的 0.9%小幅上升至 1%，而 2020 年下降至 0.7%。

（二）经济增长放缓的原因

《全球经济展望》报告指出，中美贸易战的持续严重影响全球经济增长。美国持续向中国施加高额关税，中国做出回应，使得中美两国付出代价，而全球经济也出现更大的不确定性。这种不确定性在很大程度上影响了企业在全球范围内的投资计划，使得贸易及商业投资减少，进而导致全球经济增长放缓。

《全球经济展望》报告特别指出，新兴国家近两年来一直面临资本外流及货币贬值的危机，此外，受美国贸易争端、美联储加息的影响，投资也在减少。因此，在国内外因素的冲击下，巴西、土耳其、阿根廷等新兴国家的经济增长放缓严重。

除此之外，意大利的就业增长缓慢、通货膨胀率不断上升等问题也使得国内经济增长停滞，低于预期；日本面临着高企的债务危机，日本财政的可持续性尚存疑惑，造成金融部门和实体经济不稳定，对世界经济造成极大的负面影响。

（三）提高经济增速的建议

针对全球经济大幅放缓的趋势，《全球经济展望》报告指出，世界各国应推出适合自身的财政、货币政策。对于欧元区来说，应当建立统一的财政预算体系，建议欧洲中央银行应当在2020年之前提高关键利率；对于日本来说，日本中央银行应重新制定战略，设定新的通货膨胀目标区间，维持超宽松货币政策直至2020年，并逐步按承诺上调消费；对于英国来说，应当放宽财政政策，刺激出口，同时确保与欧盟国家的亲密贸易关系。

《全球经济展望》报告还提出，世界各国应通过多边对话遏制贸易保护主义，建立以规则为基础的贸易体系。在互相沟通、协调的基础上降低关税，完善贸易体制，减少贸易的不确定性，增强企业投资的信心，从而保证市场的稳定性。

除此之外，《全球经济展望》报告还呼吁各国提高生产效率、加快结构性改革。通过提高生产技术、完善劳动力市场监管、优化投资结构等方式促进经济更强劲、更具包容性地增长。

二、述评

《全球经济展望》报告指出，中央银行的刺激措施和更为宽松的金融环境可能有助于抑制增长放缓，帮助实现软着陆，但也可能加剧金融稳定的风险。这表明，仅有积极的经济政策不足以保证金融环境的稳定。对此，中国应该综合以下几方面应对风险：在全球层面开展财政合作，以应对经济低迷；调整金融监管体制，建立完善的宏观审慎框架，保证国家各政策之间的协调机制更有效；继续维持稳健中性的货币政策，保持流动性的充裕性。

《全球经济展望》报告还指出，中美贸易战将严重拖累全球经济增长，而中国所受的影响可能更大。这表明，中美两国若持续反击，将对全球的价格产生深远影响，从而影响到全球贸易与商业投资。对此，中国应该从以下几方面应对：辩证地看待贸易冲突，化危机为动力，推动供给侧结构改革，如在美国对我国钢铁增加关税的推动下，对产能过剩的行业进行去产能、去库存；坚持对外开放，营造合理的贸易环境，如放宽进口门槛、降低产品关税、推进与不同经济体的合作关系；做好打持久战的准备，增强在国际组织中的话语权，联合有关国家商讨反贸易保护主义措施。

第三节　联合国的主要观点与述评

一、主要观点

（一）2018 年全球工业生产增速趋缓

2019 年 1 月，联合国发布了《2019 年世界经济形势与展望》报告。该报告指出，2017 年和 2018 年，超过半数的世界经济体的经济增速加快。但 2018 年全球工业生产和商品贸易增速逐步趋缓，贸易密集型资本和中间产品部门尤为明显。由于金融压力和波动风险显现、地缘政治关系紧张，2019 年许多国家的经济增长势头将会减弱。同时，一些发达经济体面临着生产能力增长的极限，可能会对经济的短期增长产生影响。全球增长下行风险加剧也给《2030 年可持续发展议程》的落实带来挑战。

（二）2019 年美、欧、中的经济增长将放缓

《2019 年世界经济形势与展望》报告对全球主要经济体 2019 年的增长进行了预测。美国经济增长预计将在 2019 年降至 2.5%，并在 2020 年降至 2%，这是由于 2018 年财政刺激措施的推动力减弱。欧盟经济预计将保持 2%的速度稳步增长，但仍面临英国脱欧等因素带来的下行风险。中国经济增长将从 2018 年的 6.6%减缓至 2019 年的 6.3%。从地区角度看，东亚和南亚的经济增速将在全球保持领先。2019 年东亚地区的经济增速预计为 5.6%，2020 年预计为 5.5%；2019 年南亚的经济增速预计为 5.5%，2020 年预计为 5.9%。巴西、尼日利亚和俄罗斯等几个大宗商品出口国的经济增长 2019—2020 年间将温和回升，非洲、西亚、拉美和加勒比地区 2019 年或仅略有增长。

（三）全球经济增长非常不平衡

《2019 年世界经济形势与展望》报告认为，全球经济增长非常不平衡，而且没有惠及最贫困的地区。非洲、西亚、拉美和加勒比国家的部分地区，人均收入将在 2019 年停滞不前或增长低微。即使在人均增长强劲的地区，经济活动也常常由核心工业和城市地区推动，郊区和农村地区的发展滞后。

二、述评

（一）《2019年世界经济形势与展望》报告凸显了增强多边主义力量的紧迫性

当前单边主义有进一步抬头趋势，多边主义面临重大挑战，其在国际贸易、国际发展融资和应对气候变化等领域的消极影响日益突出。经济全球化的不充分、不平衡发展不仅造成了新的社会贫困、冲突和不平等现象，也造成全球发展失衡加剧、贫富分化和分配不公增大、国际冲突风险上升、国内社会矛盾激化等负面影响，直接助长了极右翼政治力量的地区性崛起和民粹主义的全球性泛起。传统的经济全球化在理念、模式和合作机制等方面亟待创新。加强国际合作、推进各国协作制定全球政策和加快完善全球治理步伐比以往任何时候都显得更加重要。

（二）《2019年世界经济形势与展望》报告侧面证明了中国作为经济全球化贡献者的重要性

改革开放40年来，中国不断扩大对外开放，助推全球化发展，不仅改变了自己的面貌与命运，也通过改变自身而深刻地影响和造福了世界。当前，中国旗帜鲜明地反对保护主义、单边主义，进一步提升多边和双边开放水平，不仅推动各国经济联动融通，共同建设开放型世界经济，而且将自身的市场潜力优势、产业集群优势和集成创新能力优势有效融入世界经济的发展大格局，推动高端生产要素在全球范围内优化配置和自由流动，必将为全球经济强劲、可持续、平衡和包容增长创造新的时代机遇。

第四节　中国社会科学院的主要观点与述评

一、主要观点

（一）美国经济下行的时间点不远

作为世界第一大经济体，美国经济走势对2019年世界经济具有重大影响。如果美国经济近期内出现增速下行，则世界经济有可能陷入新一轮衰退。美国GDP季度同比增长率已经连续9个季度不断上升。2016年第二季度增长率为1.3%，至2018年第三季度已达3.0%。目前看来，美国经济在短期内还比较强劲。

但是，美国已经出现本轮经济繁荣到顶的迹象。其一，美国的失业率已经处于 20 世纪 70 年代以来最低水平，劳动力已被充分利用，工资已经开始上涨，且工资上涨幅度超过物价上涨幅度，企业盈利空间下降。其二，美国股票市场价格开始出现高位回落，股市泡沫破裂风险加大。一般来说，微调型的货币政策能够延长繁荣时间，防止经济出现快速过热和过热后的硬着陆。美国历史上最长的加息周期是 3 年，即连续加息 3 年后经济会出现回落。这一轮加息周期是从 2015 年 12 月开始的，到 2018 年 12 月就是 3 年。加息周期的结束将伴随着经济增长明显下行。美联储预测，美国联邦基金利率的长期值应该为 3.0%，离目前 2.5%的政策利率还有 0.5%的差距，再有 1 或 2 次加息就能达到这一长期值。可见，从加息节奏上看，美国经济增长出现下行的时间点不会太远。

（二）三大因素可能诱发金融危机

当前世界经济面临诱发金融危机的三大因素。一是美联储进一步加息“缩表”引起其他国家尤其是新兴市场国家的货币贬值和货币危机。土耳其和阿根廷等国已经发生了货币危机。货币大幅度贬值破坏了土耳其国内的经济秩序，其生产活跃程度大幅度下挫，GDP 增长率大幅度下降。阿根廷的货币危机也引起经济严重收缩，2018 年第二季度 GDP 同比甚至出现 4.2%的负增长。未来美联储进一步加息和“缩表”的可能性很大，这将引起资本进一步回流美国和美元进一步升值，新兴市场国家进一步爆发货币危机的可能性在加大。对于那些具有经常账户逆差的国家来说，在资本流入减少而资本流出增加的情况下，很容易出现一个国家货币大幅度贬值引发类似国家同样发生货币大幅度贬值的现象。

二是高债务国家出现债务违约风险甚至债务危机。一些重债的新兴市场国家和低收入国家政府债务激增，容易引发主权债务的违约风险和债务危机。美联储加息引起的全球利率水平上行，导致各国债务负担加重，加上发达经济体经济增速下降引起的偿债能力下降，也可能导致发达经济体出现债务危机。

三是美国实体经济增速下行引起美国资产价格暴跌，并向其他国家传导。美国股市从 2009 年以来持续牛市，股票市值从 2008 年的 11 万亿美元上升到 2018 年的 40 万亿美元。美国金融危机以前股市最繁荣的 2007 年，其市值最高也没有超过 19 万亿美元。美国股市泡沫风险已经开始显现。如果美国股市价格暴跌并引发其他国家股价同步暴跌，则世界经济将再一次面临较严重的金融危机冲击。

这三类危机可能以个案的方式发生，但也有可能在一系列国家引起连锁反应并造成较大影响，甚至可能三类风险叠加造成大面积深度危机，对世界经济造成重大负面冲击。

（三）刺激经济的政策空间比 10 年前缩小

如果世界经济进入下一轮衰退，各主要国家尤其是发达国家刺激经济的政策空间将不如10年前充裕。这在货币政策、财政政策和国际宏观政策协调方面都有体现。

美国在金融危机以前的联邦基金利率是5.25%，从2007年9月开始，在15个月的时间内，美联储将利率降至0.25%，降息空间高达5%。而当前的联邦基金利率仅有 2.5%，即使再有两次加息之后美国经济才开始下行，估计也只有3%左右的降息空间。英格兰银行目前的政策利率仅有 0.75%，降息空间不足1%。而欧洲中央银行、日本中央银行目前还是实行负利率的货币政策。如果近期出现经济衰退，则意味着这两个经济体完全没有降息空间，在还没有退出宽松货币政策的情况下，就需要实行新一轮宽松政策。

当然，在基准利率降息空间有限或者没有降息空间的情况下，各中央银行还是可以继续使用量化宽松政策。但量化宽松政策产生效果的一个重要机制是通过降低长期利率来刺激消费和投资，而当前美国和日本的10年期国债收益率分别为3.0%和0.1%左右，欧元区10年期公债收益率为0.4%左右，长期利率进一步降息的空间也有限。

2008年金融危机以来，世界各国政府债务没有明显下降，大部分国家的政府债务均比危机以前高。从平均政府债务余额与GDP之比来看，发达经济体从2007年的74.5%上升到了2018年的103.8%，新兴市场国家从2007年的35.5%上升到了2018年的48.7%。各国财政扩张的能力受到高债务规模的制约，尤其是欧盟国家。

另外，在国际政策协调方面，当前的国际格局也不如 10 年前有利。美国实行“美国优先”政策，国际政策协调不是其优先政策选项。金融危机催生的二十国集团机制，目前也难以充分发挥其在全球宏观政策协调上的作用。如果下一轮经济衰退来了，各国政策缺乏协调和约束，则以邻为壑的政策很可能成为个别国家的选项，并逐渐蔓延到多个国家。

（四）贸易战对世界经济造成不利影响

贸易战对世界经济的负面影响逐渐显现。世界贸易组织已将 2018 年全球货物贸易实际增速预期由 4.4%调低至 3.9%，同时将 2019 年增速预期进一步调低至 3.7%。贸易战打破了世界贸易组织营造的安全和可预期的贸易环境，给国际商业活动带来不稳定因素，降低了投资信心。美国发起的这一次贸易冲突还通过提高关税和原产地标准，阻碍中间品贸易发展，从而阻碍国际分工的扩展和全球生产率的提升，这将对世界经济造成长期不利影响。

二、述评

（一）经济下行因素正为美国减慢加息进程所考虑

美联储自 2015 年 12 月启动本轮加息周期以来，截至目前已加息 9 次。目前美国国内面临回购放缓和经济泡沫的威胁，国际上存在主要经济体增长放缓、汇率波动，以及欧洲政治风险可能增加等因素，美联储将不得不重新考虑加息的政策。2019 年 1 月 30 日，美联储表示，对未来任何利率行动都将保持“耐心”，并暗示资产负债表的收缩路径具有灵活性，与此前展现的加息立场相比，出现了明显转变。

（二）贸易战只有输家没有赢家

贸易战就是用贸易做武器来制裁对方。可是贸易是双方的事，不存在单方面的贸易，所以贸易战必定涉及贸易的双方。在给对方施加压力导致损失的时候也必定给自己这方造成同样的后果。而且在经济全球化时代，贸易战不仅会动摇多边贸易体制的根基，也会对国际金融市场造成冲击，并威胁世界经济复苏进程。特朗普倡导的“美国优先”的贸易政策、对钢铝产品征收关税及发起的对中国的贸易战已影响全球经济增长预期。

第十六章

世界工业发展面临的形势

随着全球经济增长动能削弱、经济发展的不确定性增大、经济下行风险不断加大，2019 年全球经济增速或将进一步放缓。这主要是由于世界工业发展将面临新一轮技术和产业革命、发达经济体“再工业化”战略兴起等机遇，以及贸易保护主义盛行、新科技的进步对传统产业产生冲击等挑战。

第一节　机遇

2018 年 10 月，国际货币基金组织下调 2019 年全球经济增速，由 3.9%下调至 3.7%。高盛、瑞银等机构预测，受贸易保护主义、货币紧缩政策及新兴经济体发展疲软等因素的影响，2019 年全球经济增长将呈现疲软状态，与 2018 年相比增速将进一步下降。但是就全球工业发展而言，依然存在许多积极因素促进全球工业向前发展。

一、全球新一轮技术和产业革命发展，重塑全球制造业发展格局

截至目前，全球已经经历过 3 次工业革命，分别是第一次工业革命（18 世纪 60 年代—19 世纪中期），全球进入蒸汽时代；第二次工业革命（19 世纪下半叶—20 世纪初），全球进入电气时代；第三次工业革命（20 世纪后半叶），全球进入科技时代。随着以互联网+、物联网、机器人、人工智能、3D 打印及新材料等为标志的新技术、新业态、新模式的不断涌现，全球新一轮工业革命开始兴起，第四次工业革命已经悄然而至。人工智能、新材料等兴起的新兴产业将成为全球经济增长的新动能，成为全球经济稳定增长的重要推动力；与此同时，第四次工业革命也将是一场数字化革命，将重塑全球制造业竞争格局、全球产业链和价值链的分配，对全球工业产业的发展具有极其重要的影响力。

二、全球产业智能化转型发展，推动全球先进制造业加快发展

随着全球新一轮科技革命和产业革命的兴起，智能制造已经成为全球制造业格局的重要方向，成为全球主要经济体争夺的新焦点。新一代智能技术的广泛应用，推动全球产业模式的巨大变革，产业模式已经由原来的以产品为中心转变为以用户为中心；同时，大规模流水生产线也已经逐步被规模定制化生产代替。更为重要的是全球产业供给侧结构的变革，已经由单纯的生产形态逐步转变为生产服务型制造，全球产业正在走向新一代智能制造。随着全球产业的智能化发展，先进制造业快速发展，并向全球价值链的中高端集聚。全球智能制造正在走向一条数字化、网络化、智能化的创新发展之路，推动着全球先进制造业的新发展、新增长。

三、发达经济体“再工业化”战略兴起，带动全球工业“再”发展

随着全球产业链、价值链迎来新一轮的调整升级周期，发达国家开始将国内产业发展重新聚焦在制造业上，纷纷制定“再工业化”战略，希望试图凭借技术优势，进一步抢占先进制造业的竞争制高点，并希图在新的全球制造业版图重塑中拔得头筹。例如，美国的国家先进制造战略规划、先进制造业美国领导力战略；日本的日本再兴战略、互联网工业战略；法国的新工业法国战略、法国人工智能发展战略；英国的英国工业2050战略、现代工业战略；德国的工业4.0标准化路线图、高技术战略；韩国的制造业创新3.0战略、韩国基础产业振兴基本计划等，如表16-1所示。发达国家的“再工业化”战略均旨在寻找经济发展的新动力，重塑本国制造业的全球竞争力，抢占全球新一轮经济增长的战略制高点。在此背景下，以中国、印度等代表的发展中国家也在加速制造业发展，意图在全球制造业中占据一定地位，提高其与发达经济体的竞争力，从而带动全球制造业的竞相发展。

表16-1　全球主要发达国家的“再工业化”战略

国家	时间	战略名称	主要内容	战略目标
美国	2012年	国家先进制造战略规划	围绕中小企业、劳动力、伙伴关系、联邦投资及研发投资提出五大目标和具体建议	促进美国先进制造业的发展
	2018年	先进制造业美国领导力战略	开发和转化新的制造技术教育、培训和集聚制造业劳动力、扩展国内制造供应链的能力	保持美国在制造业的领先地位

表 16-1　全球主要发达国家的“再工业化”战略（续表）

国家	时间	战略名称	主要内容	战略目标
日本	2013年	日本再兴战略	主要是产业振兴、刺激民间投资、放宽行政管制、扩大贸易自由化	促进制造业发展，提振日本经济
	2018年	互联网工业战略	推动人工智能发展	在全球智能制造领域的竞争中取得优势
法国	2013年	新工业法国战略	为期10年，主要解决三大问题：能源、数字革命和经济生活，共包含34项具体计划	旨在通过创新重塑工业实力，使法国处于全球工业竞争力第一梯队
	2018年	法国人工智能发展战略	结合健康、交通、环境和国防安全4个优先领域，加速发展人工智能技术	推动法国人工智能技术发展，并使法国成为人工智能强国，迎接人工智能发展新时代
德国	2013年	德国工业4.0标准化路线图	核心是“智能+网络化”，即通过信息物理系统构建智能工厂，实现智能制造	在一个“智能、网络化的世界”，工业4.0作为这个世界的一部分，“物及服务联网”将渗透到所有关键领域
	2018年	高技术战略2025	德国未来高技术发展的指导方针和德国政府为继续促进研究和创新而确定的战略框架	到2025年全社会研发投入占GDP的3.5%，以进一步稳固德国研究和创新世界强国的地位
韩国	2014年	制造业创新3.0战略	强调制造业与信息技术融合，以提高制造业的智能化程度，从根本上提升制造业整体能力和水平	推动韩国制造业的健康发展，从而巩固韩国在全球制造业中的地位
	2017年	韩国基础产业振兴基本计划	对韩国当前基础产业的现状及变化进行了分析，制定了基础产业未来创新方向和执行计划	促进智能制造业的发展，应对第四次工业革命的战略措施
英国	2016年	英国工业2050战略	未来制造业的主要趋势是个性化的低成本产品需求量大、生产重新分配和制造价值链的数字化	着眼于制造业未来发展，为英国经济再打造一个引擎
	2017年	现代工业战略	这项计划涵盖十大重点，主要包括加大对科研与创新的投资，培育世界领先产业，促进产业集聚和地方发展等	通过提高全国的生产力和推动增长来提高生活水平和经济增长，重新奠定英国工业在全球领先的地位

（资料来源：赛迪智库整理）

第二节 挑战

一、贸易保护主义盛行，制造业遭受重创

经济全球化的不断发展加深了国与国之间的联系，金融危机爆发 10 年以来，世界主要经济体都遭受着国际贸易保护主义的影响。为应对这一挑战，必须深入分析贸易保护主义盛行的深层用意，用积极的应对策略促进世界工业的健康发展。

贸易保护主义的根源之一是经济危机带来的生产过剩，生产过剩的经济体为确保本国经济发展不受损害，通过一系列关税措施抵制外国商品流入，以缓解经济危机带来的压力。若全球经济发展势头强劲，各国都会从自由贸易中获取利益，则贸易保护主义就丧失了存在的必要性；反观全球经济陷入泥潭，为保证本国经济继续发展，贸易保护主义势必猖獗。二是世界贸易组织规则中具有不完善性，成为贸易保护主义盛行的温床。在世界贸易组织的规则中，虽然有反制贸易保护主义的制裁机制，但包括反倾销、反补贴等在内的弹性极大、模棱两可的灰色地带为出口贸易保护、倾销认定及价格计算等关键问题的产生提供了便利。

2018 年，特朗普政府执意发起中美贸易争端，表面上看是由中美贸易不平衡导致的，其深层原因一是美国反全球化的主要手段。近几年，美国在全球化进程中受损严重，连年财政赤字明显，贸易逆差不断扩大。相比较中国，中国经济持续温和增长。二是人民币国际化威胁美元霸权。2018 年中国成立了上海石油交易所，通过人民币交易，可以获得黄金。受到俄罗斯、伊朗等产油大国的响应，上海石油交易所的交易额迅速攀升，直追纽约石油交易所，严重威胁美国的利益。三是阻止中国掌握科技话语权。近几年，中国在科技领域的颠覆性和原创性的发展，让美国惴惴不安。四是中国倡导的公有制、集体主义和综合 GDP 恰好与美国所倡导的私有制、多党制和人均 GDP 相反，美国担心中国模式威胁美国模式，中国的“一带一路”倡议、中非合作论坛、东盟 10+1，上海合作组织提出的全球治理，都加重了美国的担忧。然而，美国的贸易保护主义并未对中国经济产生很大影响，美国加征关税仅仅对沿海个别地区产生了一些负面影响，平均每 600 亿美元的关税对沿海地区的 GDP 会产生 1%的影响，那么加征 2000 亿美元的关税，只会影响 GDP 的 3%。中美两大经济体作为全球经济链上的重要环节，中美贸易争端对世界产业结构产生巨大的影响。美国提出的“美元回家”“制造业回国”等战略，都会对制造业的国际分工和产业链的健康发展产生巨大的负面影响。

二、全球经济温和增长，但动能有所放缓

2018 年，全球主要经济体的经济增长势头强劲，美国在前 3 个季度 GDP 分别增长了 2.2%、4.2%和 3.5%，欧元区前 3 个季度 GDP 同比增速分别为 2.4%、2.2%和 1.7%，日本前 3 个季度经济实现反弹，由第一季度 0.9%的萎缩转向第二季度 3%的反弹。与此同时，世界主要新兴经济体的经济温和复苏。拉美和加勒比地区经济增长了 1.2%，印度上半年 GDP 平均增长 7.95%，俄罗斯受能源价格回升的影响，在能源出口中占据优势地位。然而，世界主要经济体增长态势、通货膨胀水平和货币分化十分明显；美联储不断加息，新型经济体的资本外流加剧，全球债务水平不断攀升，金融市场持续动荡，全球经济动能逐步放缓。世界主要发达经济体在新一轮的科技革命的背景下，经济增速已经基本达到潜在增长率，当下的强劲增长随之而来的是通货膨胀率明显攀升；贸易保护主义的盛行阻碍了作为世界经济增长主要动能的国际贸易和跨境投资的健康发展。综上所述，世界经济动能的逐步放缓势必影响全球工业的可持续和跨越式发展。

三、新科技的进步，势必对传统产业产生冲击

零售业和传媒行业在通信技术的更新换代下，产生了很多变化。传媒行业已经催生出网络直播、视频平台等，促进了传媒行业的多样化和移动化；零售行业支付方式的便捷化、浏览商品的快捷性都得益于网络通信技术的发展。随着 5G 时代的来临，VR（Virtual Reality，虚拟现实）商品展示技术会更为成熟，用户的购买体验将会更加满意，但这一进步也意味着 5G 时代的到来会对全球传统零售行业产生史无前例的冲击。在传媒行业，5G 时代的到来将进一步碎片化用户的浏览时间，个性化、智能化用户终端的内容，对传统传媒行业会有更大的冲击。5G 在欧盟的发展规划中还将在电子医疗行业开创远程手术的时代，这将对传统医疗行业产生巨大的冲击。

以石墨烯、超导等为代表的新型原材料产业为制造业和实体经济的持续发展提供了有力支撑，传统原材料产业作为国民经济发展的根基，是世界主要经济体发展制造强国的强大后备力量。在新技术的强烈冲击下，传统工业和其他产业如何更好地进行转型升级，成为亟待解决的难题。

第十七章

世界工业发展走势展望

2018年以来，全球经济增长下行风险已经出现，经济增长呈快速增长的预期不再。多家机构预测，未来全球经济将逐步减速。考虑到全球经济虽依然增长，但是增长已经见顶，风险正在不断累积，特别是受到贸易环境紧张、投资需求下降、利率上升、汇率风险增大等因素的影响，全球经济增长正在不断被拖慢，工业增长也将进入低速增长阶段。根据Markit的数据，2018年全球制造业PMI数据持续下降，许多国家甚至进入低于50的制造业收缩区域。制造业潜在扩张能力不足，欧元区、美国等制造业重要经济体的全球竞争力正在被汇率波动等风险不断削弱，其产品销量受到大幅影响。全球供应链价格上涨，加之原油、燃料及金属等大宗商品价格上涨，进一步推高了售价，抑制了市场需求，使供给侧进一步萎缩。

第一节　主要经济体工业增速将下降，均面临下行压力

美国工业生产增速恐将下降。美国经济仍将保持一定程度的增长，但未来随着财政刺激的取消，受财政和货币政策紧缩的影响，经济增长率将呈现缓慢增长趋势。12月，美国制造业PMI已经呈现出大幅下降，虽然目前仍处于制造业扩张阶段，但是随着宏观经济政策效果减弱，预计美国GDP增长率在2019年将有所下降。鉴于美国在2019年可能加息4次，以及同世界各国的贸易争端将加剧，包括对进口商品征收关税拉高企业成本，美国工业生产将发生下滑。

欧盟工业下行压力较大。目前欧盟经济基本保持稳步增长，特别是劳动力就业表现良好，但相较2017年的较快增长，流动性收缩、贸易冲突、金融资本市场波动等都将对欧盟经济造成威胁。欧盟多个成员国制造业PMI已经在年末低于50，说明制造业正在出现萎缩。2018年及2019年欧盟经济增速预测将呈

现逐步下行走势。考虑到贸易风险升高、英国脱欧谈判、法国"黄背心"事件及意大利财政预算增加等带来的不利因素，预计2019年欧盟工业面临较大下行压力。

日本工业增速将呈现先升后降态势。2019年10月，日本消费税将由当前的8%提高至10%，在消费税上升预期的影响下，民众将会在消费税上调前提前消费，预计私人消费将会在2019年上半年增加，10月之后随着消费税提升，消费需求和实际收入下降，个人消费将会在下半年下降。2018年，日本制造业PMI较为平稳，但2019年1月，已经出现了下降，为50.3。预计日本经济增速将在2019年下降，贸易方面，全球贸易有降温趋势不利于日本出口，工业生产先升后降。

新兴经济体工业增长动力减弱。新兴市场的阿根廷、土耳其、巴西、墨西哥、南非等新兴市场国家均面临货币贬值及资金外流压力，同时新兴经济体长期积累的大量债务也将成为潜在风险点。当前亚洲等新兴经济体的经济增速已经有所放缓，面对美联储加息、贸易争端的加剧及外部需求的下降，亚洲新兴经济体普遍面临经济下行压力，工业增长动力减弱。

第二节　全球FDI将再下滑，抑制企业扩大生产意愿

据联合国贸易和发展会议报告，全球FDI在2018年上半年下降了41%，约为4700亿美元，仅为2017年同期的一多半。美国跨国公司的税制改革直接促使美国跨国公司释放了超过3.2万亿美元的累计海外留存收益，成为全球FDI下降的主要原因。2018年上半年全球FDI下降主要集中在发达国家，发达国家流入量急剧下降了69%，而流入发展中经济体的FDI降幅不大，仅下降了6%。2018年，全球跨国并购金额下降不多，而绿地投资金额还有大幅增长。因此，综合考虑，2019年，全球FDI恐将会进一步下滑，企业扩大生产意愿不足，而绿地投资在2018年得到了一定释放也将抑制2019年有更大的直接投资金额。

第三节　全球贸易争端加剧，贸易风险将难以避免

根据世界贸易组织2018年9月公布的数据，全球贸易未来将持续扩张，但增速比之前预测的有所放缓，世界贸易组织预测，全球货物贸易增长2019年将达到3.7%，低于2018年时4%的预期，但仍处于3.1%～5.5%的增长区间。2018年上半年，全球货物贸易比2017年同期增长了3.8%。同期内，发达经济体出口同比增长了3.5%，发展中经济体出口同比增加了3.6%。进口方面，发达经

济体同比上升了 3.5%，发展中经济体同比增加了 4.9%。目前，全球主要国家之间的贸易争端仍未消除，而且有进一步加剧的可能，一旦全面爆发贸易战将导致全球贸易量增长大幅下降。美联储、欧盟等发达市场的中央银行纷纷摒弃此前实施的量化宽松政策，收紧货币供给，将导致发展中及新兴市场的资本外流，进而影响到全球贸易实现增长。地缘政治紧张可能会威胁到资源供给和区域生产网络，进一步提升企业生产成本，从而加大全球贸易风险。

第四节　技术变革将拉动全球企业研发投入进一步增加

当前，新技术已经成为引领各国科技和产业发展的重要因素，技术变革正在拉动全球企业增加研发投入。今后，科技公司将成为最活跃的海外投资者，汽车、智能制造、航空航天、互联网和军事国防工业公司更加注重技术研发和创新能力，法国、荷兰等发达经济体的企业更加重视向印度等新兴市场国家投资。电信和互联网等科技型行业，在一些市场规模较大且尚未饱和的国家也存在大量投资机会。人工智能领域已经成为全球各主要国家优先发展的战略方向。总体来看，发达经济体的投资需求主要集中在信息通信、专业服务、医药和汽车等产业，而发展中经济体则侧重于食品、农业、信息基础设施等产业。

第五节　投资并购活动将迎来更为严苛的审查制度

近年来，美国、德国、加拿大、澳大利亚等国频频使用“涉及国家利益、国家安全”等理由拒绝外资并购。以美国外国投资委员会为例，其主要承担对可能影响美国国家安全的外商投资交易进行审查的责任。美国外国投资委员会的审查主观性较强，对外国企业收购美国企业的阻碍非常明显。此外，德国也正在计划推进欧盟层面更为严格的投资审查，加强对欧洲企业，特别是技术创新型企业的保护。英国和意大利也正在启动更严苛的投资审查程序。这些严苛的收购审查制度，将会进一步阻碍全球投资并购活动，从而从一定程度上削弱企业自发的市场行为，妨碍全球整体通过市场手段进行资源配置，降低经济效率。

后 记

《2018—2019 年世界工业发展蓝皮书》由中国电子信息产业发展研究院赛迪智库世界工业研究所编撰完成，旨在梳理世界主要经济体工业发展概况及最新发展动态，探讨、展望全球产业新格局与新趋势。

本书由王鹏担任主编，由刘源超担任副主编，分前言、综合篇、区域篇、热点篇、专题篇和展望篇，各篇章供稿人的分工如下：综合篇（宋迎）、区域篇（朱帅、苍岚、郝文娇、李鑫、赛西娅、高琼）、热点篇（张淑翠、王珊）、专题篇（秦海林）、展望篇（朱帅、苍岚、郝文娇、李鑫、高琼）。同时，作者在研究和编写本书过程中得到了工业和信息化部各级领导及行业协会和企业专家的大力支持与指导，在此表示衷心的感谢。

自 2008 年国际金融危机爆发以来，各大经济体纷纷采取了积极的财政政策和宽松的货币政策，以刺激本国经济的复苏。当前，全球经济复苏步伐日益加快，全球范围内新的生产方式、产业形态、商业模式和经济增长点正在形成。但 2019 年面临的不确定、不稳定因素增多，在新一轮科技革命和产业变革尚未实现重大突破的情形下，主要发达经济体的经济增速已经达到甚至超过其潜在增长率，同时受贸易保护主义抬头等因素的影响，预计全球经济仍将维持弱增长态势。

就我国而言，制造业高质量发展已经成为制造强国建设的核心推动力，亟须推动质量变革、效率变革、动力变革，改造提升传统动能，加快培育壮大新动能。在此，希望我们的研究能够为探索中国制造业高质量发展提供独特的国际视角思考。但由于研究能力有限，本书的疏漏和不足之处在所难免，诚恳希望得到来自政府领导、行业专家和企业的批评与指正。